こんなに面白い
東京国立博物館

新潮社 編　東京国立博物館 監修

とんぼの本

新潮社

目次
Contents

東京国立博物館正門から本館をみる

第一部 東京国立博物館
——こんなに美しい建物とこんなに楽しい展示

展示館は現在五館、正門を入ると、正面中央にひときわ大きく、堂々と建つのが昭和十三年（一九三八）に開館した本館である。高く立ちはだかる壁面の上に瓦屋根をいただく東洋風建築の設計は、渡辺仁。横浜のホテル・ニューグランドや第一生命相互館（戦後ＧＨＱが入ったビル）などを手掛けた建築家だが、ここでは「日本趣味ヲ基調トスル東洋式トスルコト」「勾配屋根ヲ必要トスルコト」といった設計公募規程にそって、東洋風を強く打ち出して「帝冠様式」の代表例とされる建物をつくり上げてしまった。平成十三年、重要文化財に指定された。

車寄せのある玄関を入ると正面階段の大ホール。天井はあくまで高く、石張りの階段は重々しく二階へつづいている。ホールに天窓はあるが、まるで地下に沈みこんだように暗い。けれどその暗さに慣れると照明の装飾やステンドグラス、通気孔のグリルのデザインなど、意匠を凝らした細部が浮かび上がる。

平成十六年九月、本館は「日本ギャラリー」としてリニューアル、グランド・オープンした。まず二階の展示を見るように企画されている。日本の美術、一万二千年の流れが時代ごとにテーマ設定され、時代と文化の背景をつかみながら鑑賞できるように企図されている。そして好きなジャンルを追求したい人は一階のジャンル別展示へ行くよう誘導される、

というわけだ。

ほとんどの人が通りすぎてしまうけれど、北側のラウンジにも、美しい装飾が施されている。ガラス戸ごしに緑濃い裏庭を眺めると、ふと江戸時代の寛永寺境内を見ているような気がした。

現在の本館ができる以前、ここには英国人建築家コンドルの設計した「旧本館」（80頁）が立っていた。サラセン風のデザインを取り入れた赤煉瓦造りの建物であったが、関東大震災で大きく破損。帝室博物館（明治十九年から昭和二十二年の間、博物館は宮内省に所属していた）を復興しようという計画は、むろん震災直後から練られていたが、なかなか実現しなかった。ようやく昭和三年、昭和天皇の即位を機に「帝室博物館復興翼賛会」が組織され、国民から寄付を募って博物館を建て、宮内省に献納することになったのである。昭和七年に着工、同十二年竣工。工事費は、隣接して建てられた別館、庭園造営費なども含め約七一三万円（当時を基準とした総合物価指数によると現在約一一八億円となる）。その約半分、三四〇万円が国民から集められた寄付だった。翼賛会は復興本館の建物と博物館の整備に関する費用一一一万円を宮内省に献納して解散。昭和十三年十一月、昭和天皇を迎え、復興本館の開館式が執り行なわれた。

ライトアップされた本館

インテリアに注目

設計……渡辺仁

［左］正面階段
［下］正面扉の装飾

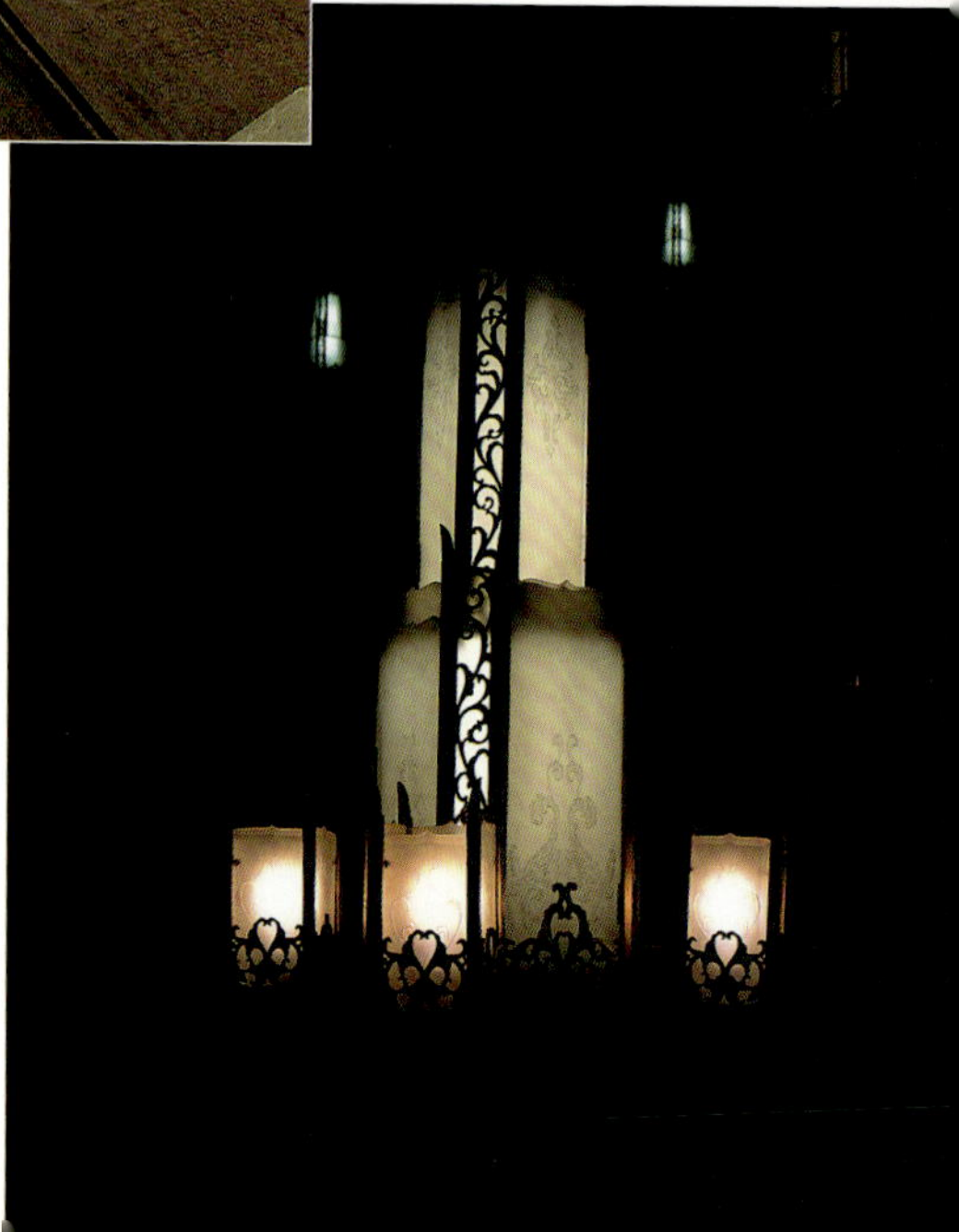

［右］正面階段の照明

［左頁］階段踊り場を飾るステンドグラスに
しばし目を休める

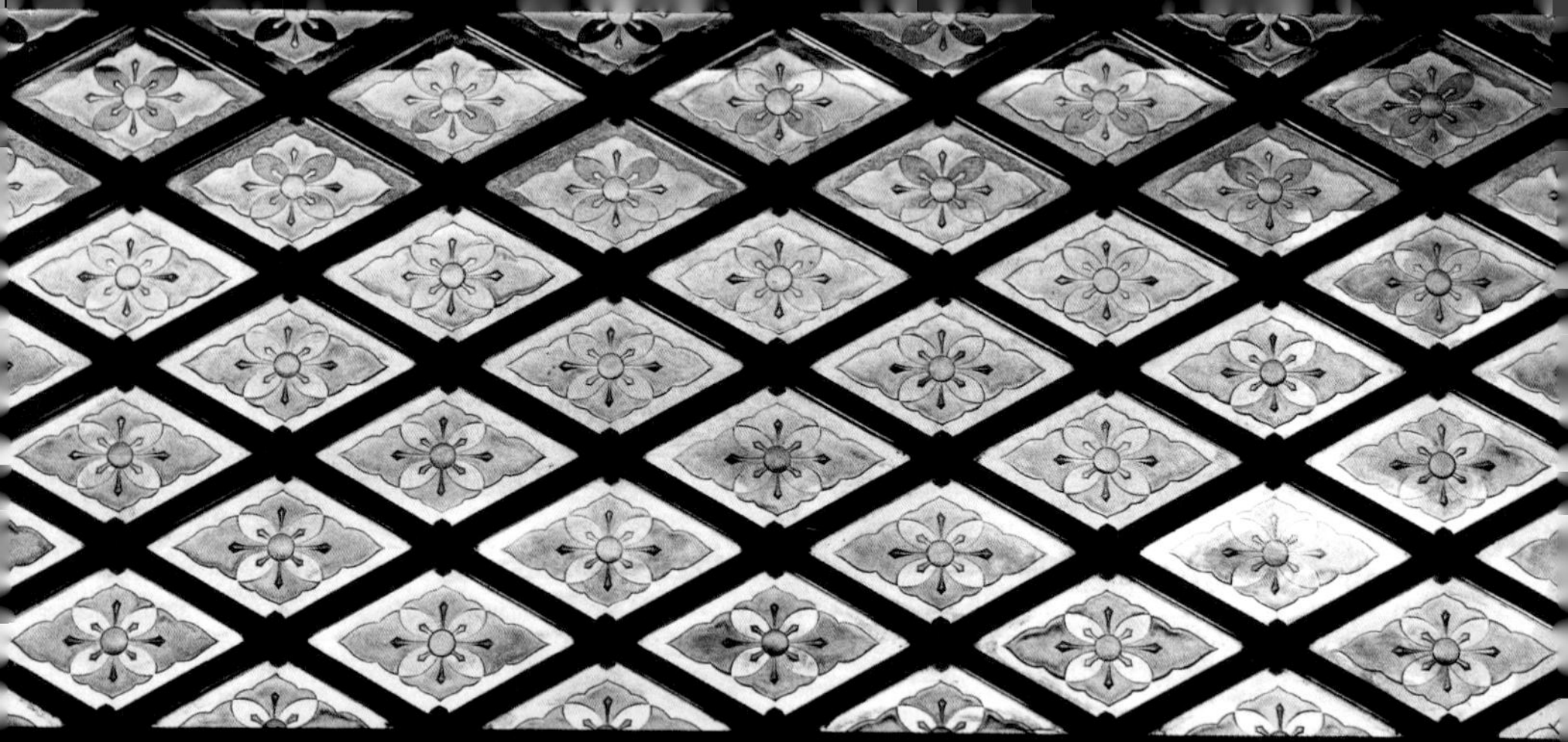

明かり取りの窓にもこんな意匠が　１階入り口

１階ホール正面の時計

2 階貴賓室の扉

2 階展示室への荘重なアプローチ

貴賓室（皇族・国賓の休憩室）の内装
第1・3土曜日に開扉される

Q 島谷弘幸展示課長に聞く
――21世紀の博物館のあり方をお聞かせ下さい

昨年（平成十六年）九月、日本美術を展示している本館の展示を全面的にリニューアルしました。実際は一昨年にも実験的な展示替えをし、不人気なら、元に戻すのもやむをえないと考えていたのですが、七割から八割の方がよくなったという回答を下さいました。当館には「美と知識と憩いの場」というキャッチフレーズが以前からありまして、それに沿った展示は、と考えたのがきっかけでした。昭和十三年の本館開館以来、絵画、彫刻、陶磁など分野別に作品を展示してきたのですが、二階を「日本美術の流れ」をたどる時代順に展示すれば、そしてさらに時代ごとに、どのような時代であったかを示すテーマを設ければ、よりわかりやすく、親しみやすくなるのでは、と考えをにつめていきました。これらの展示を御覧いただいた上で絵画なり彫刻なり、お好きな分野を楽しみたい方のために一階では分野別展示を行なっています。新しい分野である民族資料や歴史資料の展示室も設けましたし、二階には一点の国宝をじっくり見ていただく部屋もあります。いろいろな見方、楽しみ方ができるのが博物館だ、と思うのです。また照明とデザインの融合にも気をつかい、展示作品の背景や雰囲気がより伝わるようにしました。作品保存の観点から展示替えも必要ですが、それも日本美術ならではの季節感を演出するプラスに転換しようとしました。ともあれ、より良い展示にと常に心がけるつもりですので、来館者の方々の声をお聞かせいただけましたら、と願っております。

［右頁］1階休憩室のモザイク・タイル
囲み写真は、同室の精緻な細工が施された照明［上］と時計

Main Gallery 2nd Floor

本館二階

日本美術の流れ

縄文時代の土偶から江戸時代の浮世絵まで、日本美術の展開を、各時代の特色あるテーマにそって通観できるように企画されている。以下の各コーナーの解説は、博物館のパネルにあるもの。博物館側の企図を読みながら、展示がより楽しく、より良くなるには、どのようにしたらいいか考えてみるのも博物館を身近にする方法のひとつだろう。ちなみに展示のサイクルは、彫刻や工芸などが三カ月、絵画・書跡は六週間、浮世絵で一カ月。ほぼ四週間ごとに来館すれば、違う作品に出会えることとなる。

❶-1 室展示風景
銅鐸(静岡県引佐郡三ヶ日町釣出土　弥生)、
埴輪・胡座の男子(栃木県真岡市亀山出土　古墳)などが並ぶ

本館2階「日本美術の流れ」

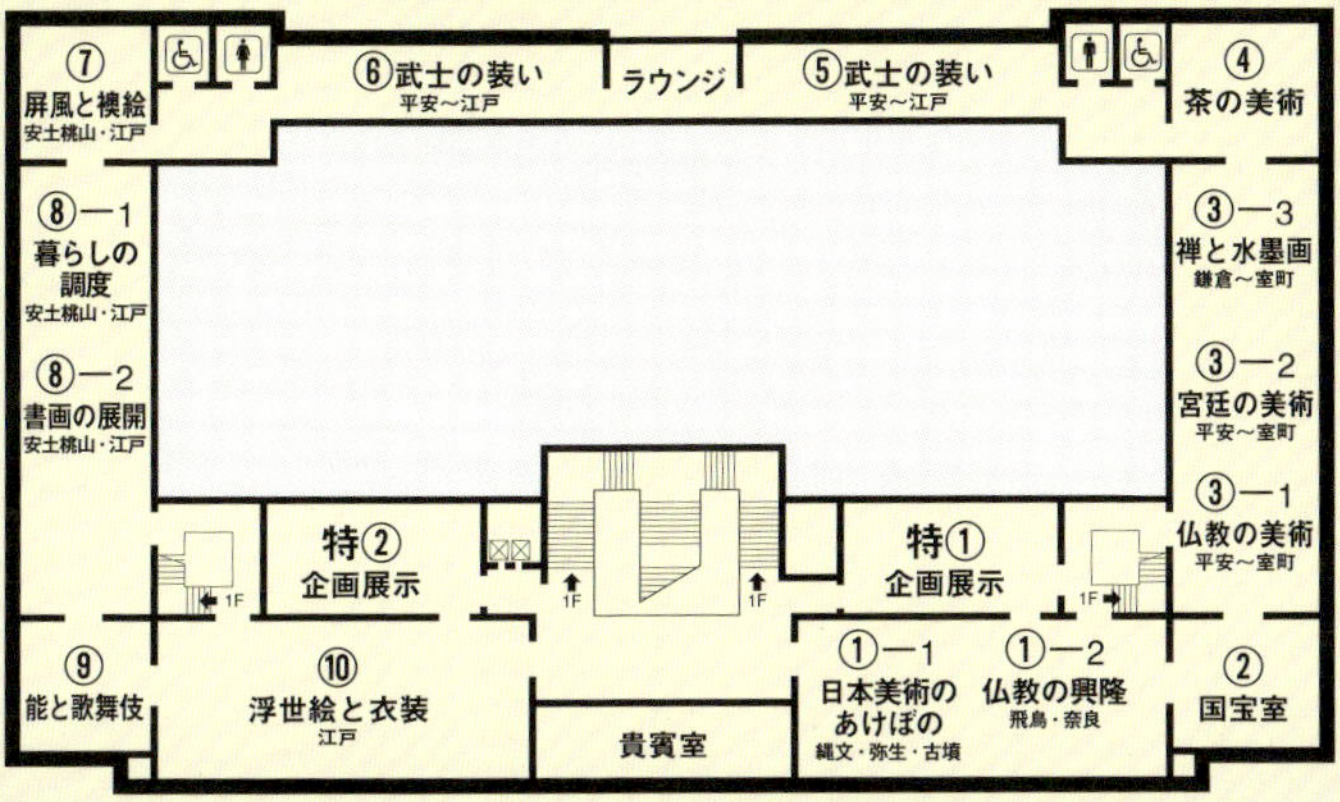

日本美術のあけぼの
[縄文・弥生・古墳]

1-1

縄文時代の土器には、縄目の文様をはじめさまざまな装飾が施されます。特に中期には、豪華な装飾が発達しました。土偶・土製品、装身具、漆製品などにもすぐれた造形がみられます。弥生時代には、大陸から稲作農耕文化が伝わり、金属器の使用も始まりました。弥生土器には洗練された美しさがみられ、銅鐸には独特の文様や絵画が鋳出《いだ》されています。古墳時代には、大陸伝来のさまざまな技術が発達し、土師器《はじき》・須恵器《すえき》・埴輪に焼き物の造形美を、鏡・武器・武具・馬具・装身具に金属工芸やガラス工芸の粋をみることができます。

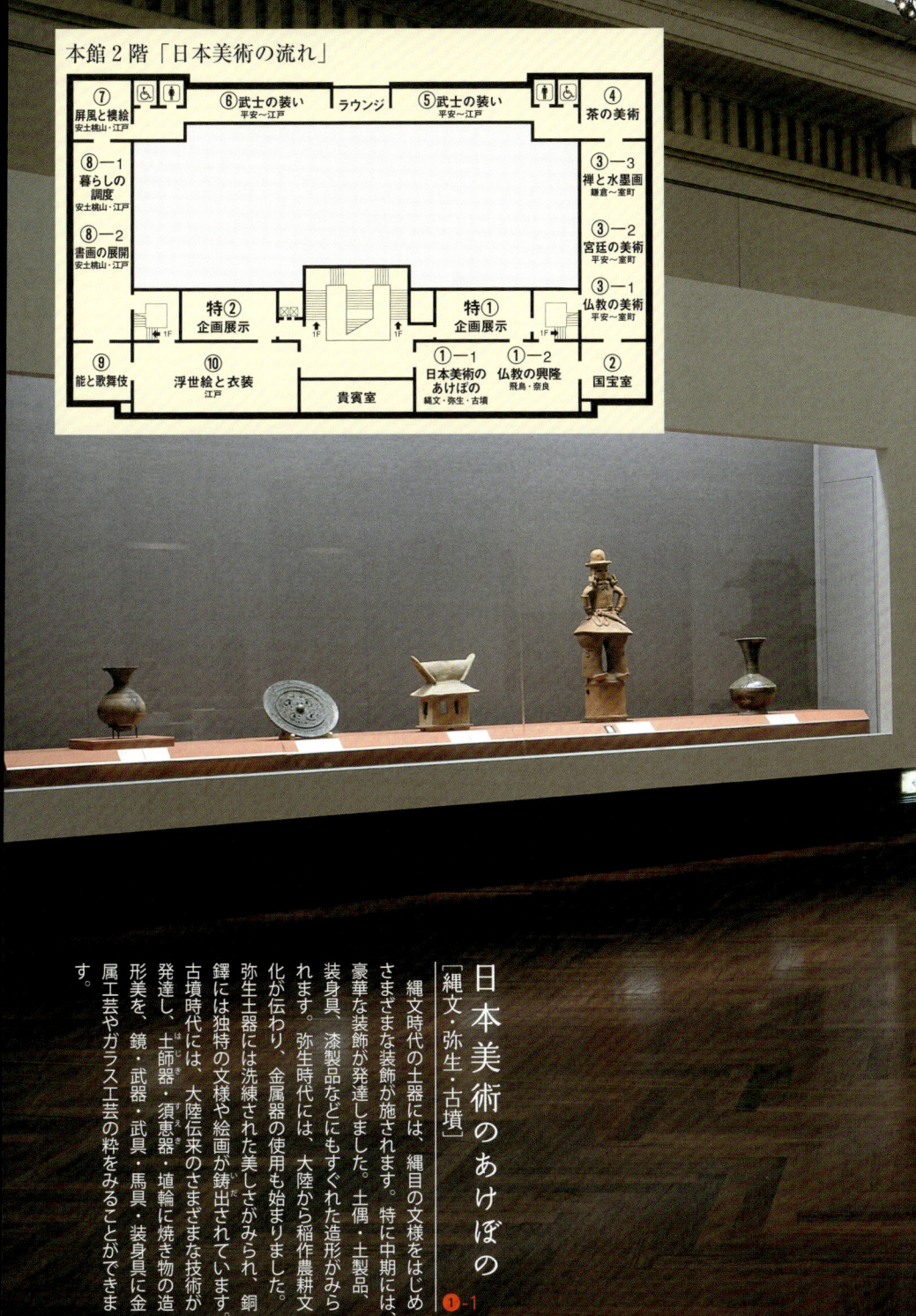

❶-2 室展示風景
菩薩立像（飛鳥）が中央にたつ

仏教の興隆

［飛鳥・奈良］ ❶-2

六世紀半ば、欽明《きんめい》天皇の時代に百済《くだら》から釈迦金銅仏、幡《ばん》、経論《きょうろん》がもたらされたのが、仏教が日本に公式に伝えられた初めです。仏教はやがて朝廷にも受け入れられ、六世紀後半には百済から寺院建築や仏教美術に関わるさまざまな技術者が来日します。日本の文化は仏教の受容とともに飛躍的に進歩して、奈良時代の東大寺大仏鋳造のような国家的事業にまで至るのです。この部屋では、飛鳥・奈良時代の仏像や経典、舎利《しゃり》容器、仏を供養するための仏具、また寺院を建立する際に埋納された鎮壇具など、古代の仏教美術を展示します。

仏教の美術

［平安～室町］ ❸-1

平安時代前期には正純《せいじゅん》密教を空海らが中国から導入し、密教美術が生まれました。平安後期から鎌倉時代にかけては末法思想と浄土教の興隆を背景として、やがて鎌倉新仏教といわれる諸宗派が誕生し、一方、旧仏教側でも教団や寺院の復興に力が注がれました。仏教美術も主題の多様化や宋風の導入、奈良時代の様式への復古など、さまざまに展開をとげています。書・絵画・工芸の粋を集めた装飾経や、祖師を称えるための祖師像・高僧伝絵、寺社の由来や霊験譚をまとめた縁起絵などは、この時代の特徴ある作品です。鎌倉から室町時代にかけては、本地《ほんじ》垂迹《すいじゃく》思想に基づいた垂迹画の制作も盛んです。

❸-1 室展示風景
愛染明王坐像（鎌倉）が出迎えてくれる

宮廷の美術
［平安～室町］

ここでは平安から室町時代までの宮廷美術の世界をご覧いただきます。宮廷では、平安時代初期には中国文化の模倣一辺倒でしたが、平安時代中期には日本的な美意識に基づいた文化が花開きました。それらは時代を追って洗練の度をくわえてゆきます。なかでも和歌は、手習いとともにたいせつな教養でした。また、『源氏物語』をはじめとする物語が愛好され、華麗な料紙に書写されて古筆となり、絵画化されて物語絵巻となります。物語や和歌を意匠化した工芸作品も好んで作られました。

❸-2

❸-2 室展示風景
宮廷美術の世界を印象づける
片輪車蒔絵螺鈿手箱
（右図も　平安　22.4 × 30.6 × 13.0）

禅と水墨画

［鎌倉～室町］

❸-3

鎌倉時代に禅宗とともに中国からもたらされたのが、南宋から元にかけての美術、とくに水墨画です。この時期の中国では山水画はほぼすべてが水墨画で、道釈画《どうしゃくが》（道教・仏教の絵画）でも水墨山水画の様式と技法を応用して描かれたものが多かったようです。日本の禅宗寺院で礼拝・鑑賞される絵画も、中国にならって水墨画の技法を用いて描かれるようになります。室町時代には禅宗寺院の枠を越えて水墨画が展開し、日本に定着します。書の領域では、「墨跡」と呼ばれる禅僧の筆跡が、個性ゆたかな気魄に満ちた書法によって、独特の世界をかたちづくりました。

［上］❸-3 室展示風景
祖師図（伝狩野元信　室町　二幅）
［右］秋景図（秋冬山水図の内）　雪舟等楊
室町（15 世紀）　紙本墨画　46.3 × 29.3

④室展示風景
擂座花入（手前　丹波　安土桃山）など

茶の美術 ④

室町時代に生まれ、安土桃山時代に千利休《せんのりきゅう》が大成して現代まで続く茶の湯は、日本が世界に誇る伝統文化です。茶室の床に飾られる書や絵画。花とそれを活《い》ける花入《はないれ》。懐石と呼ばれる食事に使われる器。喫茶にかかわるさまざまな器。すべてがあわさり、そこに亭主と客がともに時を過ごす中で、茶の湯の世界が作られます。使われる品じなは中国の古美術であったり、日常の器から見出されたものであったり、あるいは茶の湯の中で生み出されたものであったりします。これらの茶の美術から茶の湯の世界に思いを馳せていただけますように。

志野茶碗　銘・振袖　美濃
安土桃山　口径 13.1

❺ 室展示風景
甲冑が整然と並ぶ

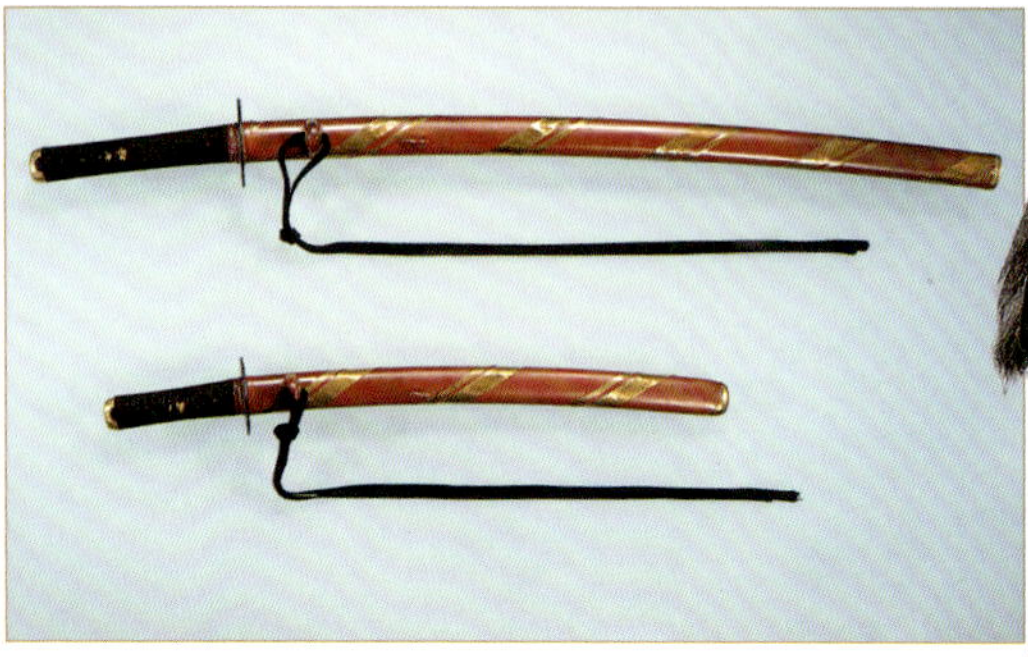

［上］豊臣秀吉所持　朱塗金蛭巻大小拵　安土桃山
［右］総熊毛二枚胴具足（伝森長可着用）　安土桃山

屏風と襖絵

［安土桃山・江戸］ ❼

建物の壁や襖に描かれた絵を障壁画と呼び、これに屏風の絵を加えて障屏画《しょうへいが》といいます。連続した大画面を構成する障屏画は生活空間を演出する機能をもっています。権力の象徴や場の荘厳《しょうごん》といった制作意図は、建物の種類によっても、また部屋の目的や時代の生活感情によっても、表現が違ったはずです。時代によりテーマや表現は異なるし、構図などには流派による違いを見ることもできます。季節の移ろいや、画中に込められた物語性など、大画面の中にはさまざまな鑑賞の視点があります。

❼室展示風景　楼閣山水図屏風（左　池大雅　江戸）と山水図屏風（右　狩野探幽　江戸）の迫力ある展示

武士の装い

［平安〜江戸］ ❺-❻

武士は公家の文化を模範にして、仏教や庶民の文化も取り入れて、独自の力強い文化をつくりました。庶民の平服であった直垂《ひたたれ》や裃《かみしも》は、しだいに整えられて幕府の出仕服となり、小袖や胴服も好まれました。刀剣は武士に最もたいせつにされ、将軍や大名などの贈答にも第一の品でした。通常、太刀と腰刀《こしがたな》、刀と脇指というように長短二本を腰に帯び、室内では脇指や短刀だけをさしていました。刀剣の外装である拵《こしらえ》や甲冑・馬具の製作には、漆工・金工など工芸のさまざまな技術が駆使されています。

暮らしの調度

［安土桃山・江戸］　❽-1

安土桃山時代は、日本史上まれにみる風通しのよい時代でした。海外との交流が盛んに行なわれ、国内の経済活動も活発なものになってゆきます。それに続く江戸時代は、戦乱もなく二百五十年余が過ぎた平和な時代でした。二つの時代をへて、武家や町人たちに支えられた日本文化は成熟の度を深めます。身の回りの調度にしても、人びとは、やきもの、ぬりもの、さらには金工品と、自らの好みや用途に合わせて、さまざまな器物を選び、使うことができるようになりました。そこからは、ただ単に機能を追求するだけではなく、「もの」の美しさや温もりを愛おしむ人びとのこころが伝わってきます。

［左頁上］❽-2室展示風景
天狗説屏風（荻生徂徠　江戸）
［左頁中右］納涼図屏風　久隅守景　江戸
二曲一隻　紙本墨画淡彩
149・7×166・2
［左頁中左］色紙帖　松花堂昭乗　江戸　一帖
彩箋墨書　19・7×17・2
［左頁下］夏秋草図屏風　酒井抱一　江戸（一八二一）
二曲一双　紙本銀地着色
各166・9×184・0

書画の展開

［安土桃山・江戸］　❽-2

安土桃山時代には、政権の力を背景に、狩《か》野永徳《のうえいとく》が桃山様式の絵画を確立し、長《は》谷川《せがわ》等伯《とうはく》や海北友松《かいほうゆうしょう》が続きます。江戸時代には永徳の孫の探幽《たんゆう》によって狩野派が幕府の御用絵師《ごようえし》の地位を築き、他にも、俵屋宗達《たわらやそうたつ》・久隅守景《くすみもりかげ》・尾形光琳《おがたこうりん》・池大《いけのたい》雅《が》・与謝蕪村《よさぶそん》・円山応挙《まるやまおうきょ》・伊藤若冲《いとうじゃくちゅう》・長《なが》沢芦雪《さわろせつ》・曾我蕭白《そがしょうはく》など多彩な個性が展開します。書は、安土桃山から江戸初期にかけて、近衛信尹《このえのぶただ》・本阿弥光悦《ほんあみこうえつ》・松花堂《しょうかどう》昭乗《しょうじょう》（寛永の三筆）が新風を打ち立て、中国僧隠元《いんげん》・木庵《もくあん》・即非《そくひ》（黄檗の三筆）らの書法が、江戸中期以降、唐様《からよう》の書として流行します。

❽-1室展示風景　志野の萩図平鉢（美濃　安土桃山〜江戸）など
円内は、愛らしい色絵文房具（薩摩　江戸）

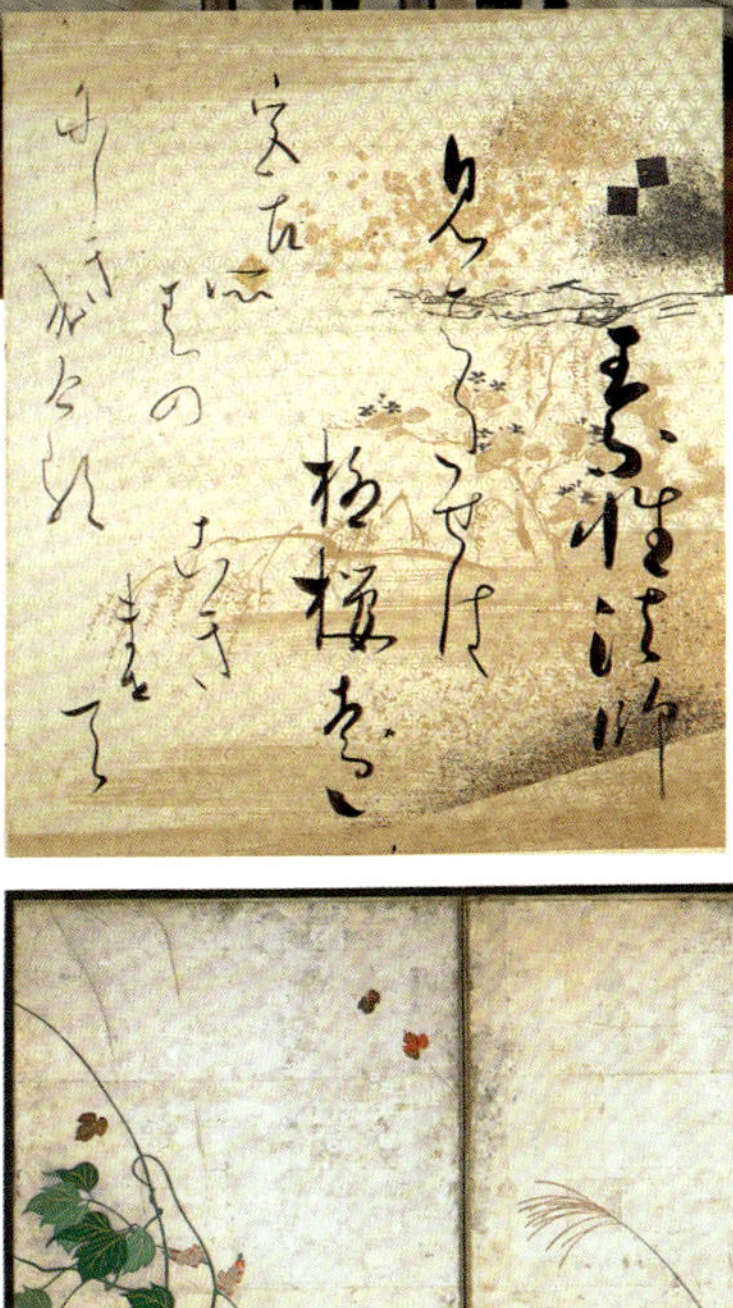

❾室展示風景
染織技術の粋を凝らした能装束

能と歌舞伎 ❾

この部屋では能と歌舞伎に代表される日本の伝統芸能の舞台を、面や衣裳、小道具や楽器などの工芸、画中資料などでご覧いただきます。古代から宮廷行事や神社で演じられた舞楽は、中世以降は社寺の宗教行事の中に取り入れられました。舞楽面や装束は、エキゾチックな造形を含み、唐様に憧れた公家の間で培われた典雅な舞台がイメージされます。室町時代に大成された能は、江戸以降は幕府の式楽となり、諸大名たちもたしなみました。人間の表情を写し取った各種の能面は、染織技術の粋を凝らした能装束とともに幽玄の舞台を演出します。江戸初期に出雲《いずも》の阿国《おくに》が始めた歌舞伎は、江戸時代の庶民の娯楽。役者が舞台で着用する奇抜で鮮明なデザインと色彩は、市井の女性たちの間で流行しました。

浮世絵と衣装　江戸 ⑩-1

［衣装—江戸のファッションとデザイン］

江戸時代の女性はとってもファッショナブル。江戸前期には時代に応じて小袖に変化が見られます。シックな赤・黒・白を基調に刺繡と摺箔《すりはく》で埋め尽くした「慶長小袖」、動きのある構図で余白が効果的な「寛文《かんぶん》小袖」、王朝風の器物や古典文芸をモティーフとした「元禄小袖」など。元禄期前後には、絵画的な模様が染められる友禅染が発達しました。江戸中期から後期になると町人が台頭。歌舞伎役者や遊廓の女性のファッションが時代をリードしました。小袖全体に模様をデザインする華やかさよりも、裾や裏地に意匠を凝らす風潮が生まれます。鼠色や茶色が好まれ、「いき」と呼ばれる江戸ならではの美意識が広まりました。

火事羽織　江戸　木綿　丈131.9

⑩-2 室展示風景
写楽、北斎の浮世絵が並ぶ

⑩-1 室展示風景
かんざしなど

浮世絵と衣装　江戸

［浮世絵―人びとの絵姿］

⑩-2

現実の世の中、すなわち「浮き世」を描いた絵画が浮世絵です。遊里や歌舞伎が主な題材ですが、花鳥画や物語絵、風景画などもあります。絹や紙に直接描いた一品制作の肉筆画と、木版による大量制作の版画に分かれ、版画は製本された版本と、一枚一作品の一枚摺に分かれます。一枚摺には、何枚かの組で画面を構成する続物《つづきもの》や、同じテーマのシリーズを集めた揃物《そろいもの》などもふくみます。初期の墨一色の「墨摺絵《すみずりえ》」に、やがてかんたんな色を加えるようになり、明和二年（一七六五）には多数の色版を重ねた「錦絵」が考案されました。

［右］黒綸子地小花鹿紅葉若松模様小袖
江戸　丈 152.2　裄 63.6
［左］黒綸子地波鴛鴦模様小袖
江戸　丈 161.0　裄 63.6

Main Gallery 1st Floor

本館一階 ジャンル別展示

「日本美術の流れ」の時代別展示で日本美術の多彩な展開を実感し、日本人の美意識の変遷を楽しんだ後は、興味のある、より深く知りたいジャンルのコーナーをゆっくり鑑賞するべく⑪室「彫刻」からはじまる一階のジャンル別展示が用意されている。もし、時代別展示の流れに、もう少し沿って鑑賞したいという方は、⑱室「近代美術」、⑲室「近代工芸」と見てまわる方法もある。新しいジャンルのテーマ展示を、と希望される方は、⑮室「民族資料　アイヌ・琉球」や⑯室「歴史資料」に直行されれば良いだろう。ほかにも企画展示室がいくつか用意されているから、そちらの情報も要チェックである。

⑪室展示風景　広目天像（左　四天王の内　平安　浄瑠璃寺）、十一面観音菩薩像（中　平安　秋篠寺）などが照明に浮かび上る

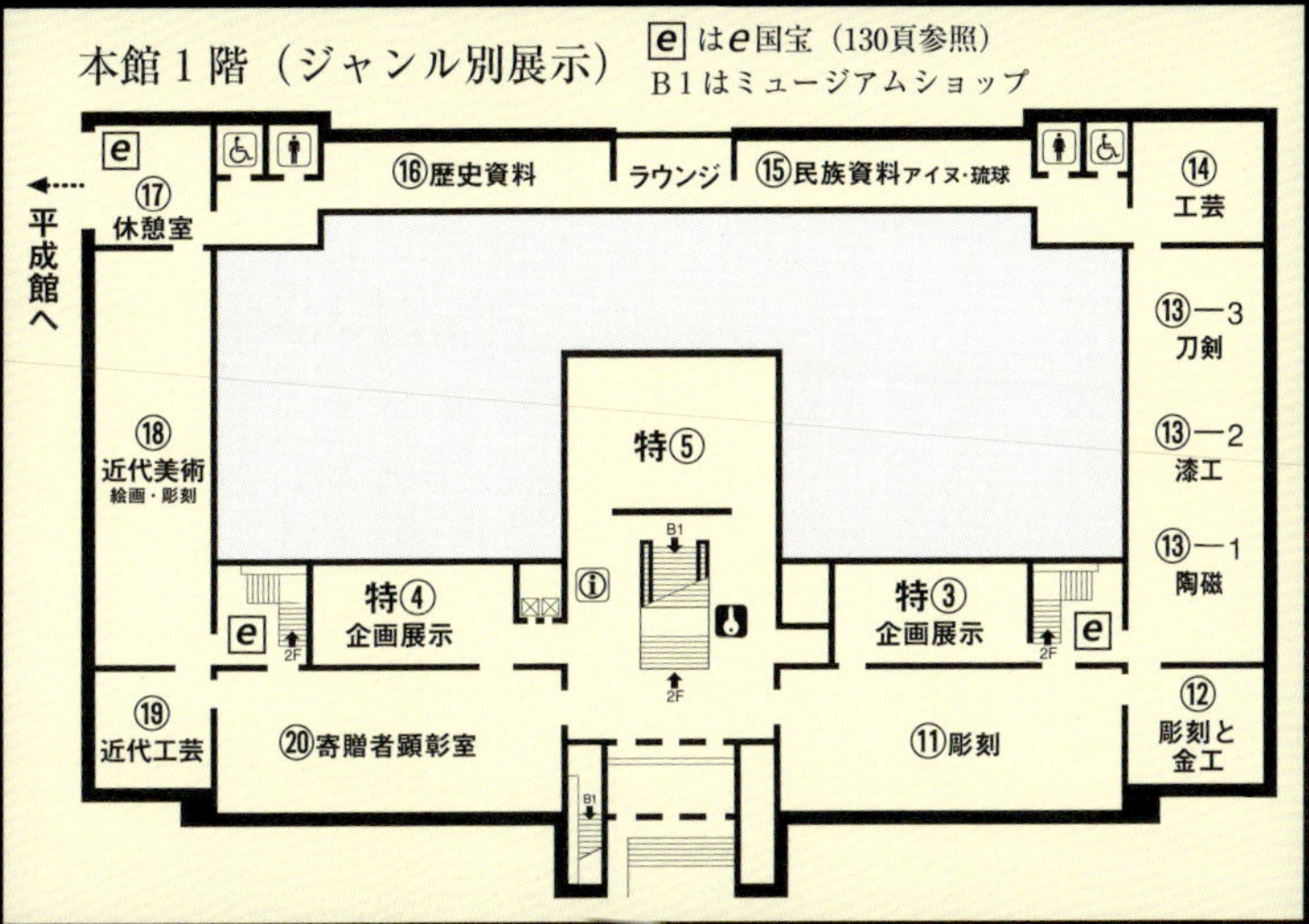

⑱室展示風景
シャクンタラ姫とドウシャンタ王（佐藤朝山　大正５年）など

近代美術 ⑱

東京国立博物館は決して〝古美術〟だけを扱ってきたのではない。近代洋画が意外に充実していることは後述するとして、近代日本画で横山大観《よこやまたいかん》「無我《むが》」、上村松園《うえむらしょうえん》「焔《ほのお》」など、近代彫刻では高村光雲《たかむらこううん》「老猿《ろうえん》」など多数の名品を所蔵している。ただ⑱室の展示は、その広さをもてあましている感がある。それは⑪室「彫刻」の展示に狭苦しさをおぼえるのと好対照（？）をなしていると思われ、残念である。

民族資料 ⑮

⑮室「民族資料」ではアイヌ文化資料と琉球文化資料とを交互に展示している。ともに明治初期に政府からひき継いだもので、後に寄贈品も加わり、世界的にみても重要なコレクション。

アイヌ文化のコレクションは、明治時代、ウィーンの万国博覧会の際に全国から蒐められた民族資料のうち、アイヌ部門のものを母体とし、後に北海道管理局から移管されたもの、徳川頼貞氏寄贈のものなどを加えて、現在は一〇〇〇点余りを収蔵している。

収蔵品の主なものは衣服、武器、狩猟具、祭具などを中心とした十九世紀の生活用品であるが、それらは狩猟採集民の生活様式を知る資料として価値がある。

琉球文化のコレクションは、絵画、文化、生活用具をはじめ古写真をふくむ幅広い内容。もっと広い展示室で、系統だてて見たい欲求にかられる。

アイヌ文化資料二点
［左］ペラウシトミカムイ（鍬先） 18世紀
長約47 兜の鍬先状の呪具で、病気平癒の呪に使う 坂上田村麻呂当時（8〜9世紀）の鍬先に形態が酷似
［下］子供用のチェップル（鮭皮の衣服）
18世紀 丈約55

琉球文化資料二点
［左］黄地菊牡丹雲尾長鳥模様紅型衣装
第二尚氏時代（19 世紀）
［下］ターク（湯庫） 第二尚氏時代（19 世紀）

Hyokeikan Gallery

表慶館

設計……片山東熊

表慶館は、敷地内に残る唯一の明治建築

優美な曲線でシンメトリックに
設計された表慶館の階段

7色のフランス産大理石のモザイク
中央ホールの床

2階中央の吹き抜け　吹き抜け部分を見上げ、見下ろし、建物そのものの美しさを堪能することができる

中央ドームの華麗な天井装飾

1階ホールから仰ぐ中央ドーム　天井装飾は全て彫刻のように見えるが、一部は絵模様に影をつけて立体的に見せたもの

表慶館の建物は明治三十三年の大正天皇（当時皇太子嘉仁親王）の御成婚を祝って国民が奉献したものである。当時の東京府知事・千家尊福《たかとみ》、東京市長・松田秀雄、東京商業会議所会頭・渋沢栄一の三人を中心に「東宮御慶事奉祝会」が組織され、東京市民に限らず広く一般より資金が募られた。「東京市民ノ歓天喜地措ク所ヲ知ラス至誠以テ祝意ヲ表シ奉ラント欲スルハ万人心ヲ一ニスル所ナリ嗚呼何ヲ以テ此千載遇ヒ難キノ盛事ニ酬ヒ奉ランヤ……」と謳われた趣意書に応じて集まった寄付金の総額は四〇万円（総合物価指数で換算すると約一七億円）を超え、七年の歳月をかけて明治四十一年竣工、翌四十二年に開館している。

設計にあたったのは赤坂離宮や京都、奈良の両国立博物館なども手掛けた宮内省技師・片山東熊《とうくま》。ネオ・バロック様式の堂々たる外観、優美な曲線を基調とする内部装飾、天井ドームまで吹き抜けとした中央ホールなど、贅をつくした設計となっている。

開館当初は、権威主義的象徴ともいうべき作

珍しいドームの木組がわかる屋根裏　ドームの漆喰壁と銅板葺きの屋根が二重構造になっている

風が、当時広がり始めていたデモクラシーの気運に相反するため、評価は分かれていた。とはいうものの、日本人が設計した西洋建築としては、赤坂離宮と並んで現存する明治建築の中でも傑出した洋風宮殿建築の極みとして、昭和五十三年（一九七八）重要文化財に指定された。

地盤が予想外に弱かったため、その基礎工事は入念に施され、茨城県産の花崗岩を五〇層も積み上げた堅固な外壁に守られて、関東大震災にも被害をうけることはなかった（実際は鉄骨が入っていないので頑丈とはいえなく、被害のなかったのは震災の揺れの方向が幸いしたといわれる）。従って、大震災で破壊された本館その他の建物が復旧するまでの十五年間は、すべての展示がここで行なわれ、展観が長期にわたって中断することは避けられた。構内に残された唯一の、貴重な明治建築である。現在ここは特別展の会場となっている。

西欧の古都にまぎれこんだような……
表慶館の夜景

Horyuji Treasure Gallery

法隆寺宝物館

表慶館の裏にひっそりとたたずんでいた法隆寺宝物館は、平成十一年七月二十日、新装オープンにより、大きく様変わりした。谷口吉生の設計。旧館では保存を第一に考え、週に只一日の限定公開（それも雨の日は休館）だったのだが、保存と公開が両立できるようになった。さらにミニ・スポットライトの使用により、金銅仏の四方八方からの鑑賞が可能で、〝東京の正倉院〟とでも呼びたい上代文化財の宝庫の実力が発揮されるようになった。ここに収蔵するいわゆる「法隆寺献納宝物」は、収蔵件数では三二一件と正倉院宝物五七八件に遠く及ばないが、正倉院宝物が主に奈良時代盛期の遺物であるのに対して、法隆寺献納宝物はそれよりさらに古い飛鳥時代の遺物が大半をしめる。その意味では正倉院を凌ぐ宝物なのだ。多彩な収蔵品は、「四十八体仏」と呼ばれる高さ三〇センチ前後の小金銅仏群をはじめ、伎楽面、絵画、書跡、古文書、仏具、銅鏡、調度品、文房具、楽器、武具、染織品など国宝一一件、重要文化財一八一件を数える。一点一点見ていくうちに、たとえば伎楽面（春夏秋各一カ月の公開）の思いがけない表情に、古代裂のはっと息をのむような美しさに、ぐいぐいとひきこまれていく。

まるで法隆寺の出先機関を思わせる名称の館が、なぜ東京国立博物館内にあるのだろうか。話は明治の初めに遡る。明治八年三月、東大寺の大仏殿・回廊を会場に、正倉院宝物をはじめ各寺社の宝物を集めた古美術の博覧会が開催された。これを機に、法隆寺では、展観に出品した宝物全部を皇室に献上し、いくばくかの下賜金をいただいて荒廃した堂塔の修理などにあて

法隆寺宝物館外観　谷口吉生設計

飛鳥彫刻の貴重な遺品「四十八体仏」
実際は57体を収蔵する　高さ30センチ前後の
小金銅仏群が整然と並ぶ❷室の展示は壮観

ようという話が持ち上がった。明治維新の廃仏毀釈の嵐は、法隆寺ほどの古刹にも容赦なく襲いかかっていたのだ。献納の儀は明治十一年に裁可となり、法隆寺には当時としては大金の一万円（総合物価指数換算で約一億円）が下賜された。そして、宝物はいったん正倉院に仮納され、同十五年、上野に開館したばかりの博物館新館が保管するところとなった。

戦後の昭和二十二年、GHQによる皇室財産の制限により、「法華義疏《ほっけぎしょ》」「木画箱《もくが》」など皇室に関係の深い七点以外の法隆寺献納宝物は、皇室から国へと移管されることになった。この事が新聞で報じられると、「宝物は皇室に献納したのであって、国に献じたものではない」と法隆寺側から返還の申し入れがあって、関係者を慌てさせたが、「ゆくゆくは正倉院同様の宝庫を作って保存に万全を期す」ことを約して説得。宝物のうち法隆寺にあったほうがふさわしい四点（五重塔の伏鉢《ふくばち》、金堂四天王の持物《じもつ》といわれる刀二振、聖霊院《しょうりょういん》の聖徳太子像に付属する沓《くつ》）だけを法隆寺に返還することで決着がついた。

宝庫の建設が実現するのは、それから十五年ほど後のことになる。昭和三十七年十一月、耐震・耐火の鉄筋コンクリート二階建ての「法隆寺宝物館」が竣工した。この建物は、まず保存を目的とした収蔵庫として造られていたが、老朽化と公開日を増やしてほしいという来館者の要請に対応するため、先の建て替えとなった。

❶室に展示された灌頂幡（金銅灌頂幡）の天蓋および付属小幡、大幡二枚部分　吹き抜け部に吊り下げ展示されている模造のように本来は全長五メートル以上におよぶ壮麗なもの　下図は透彫の部分写真　飛鳥

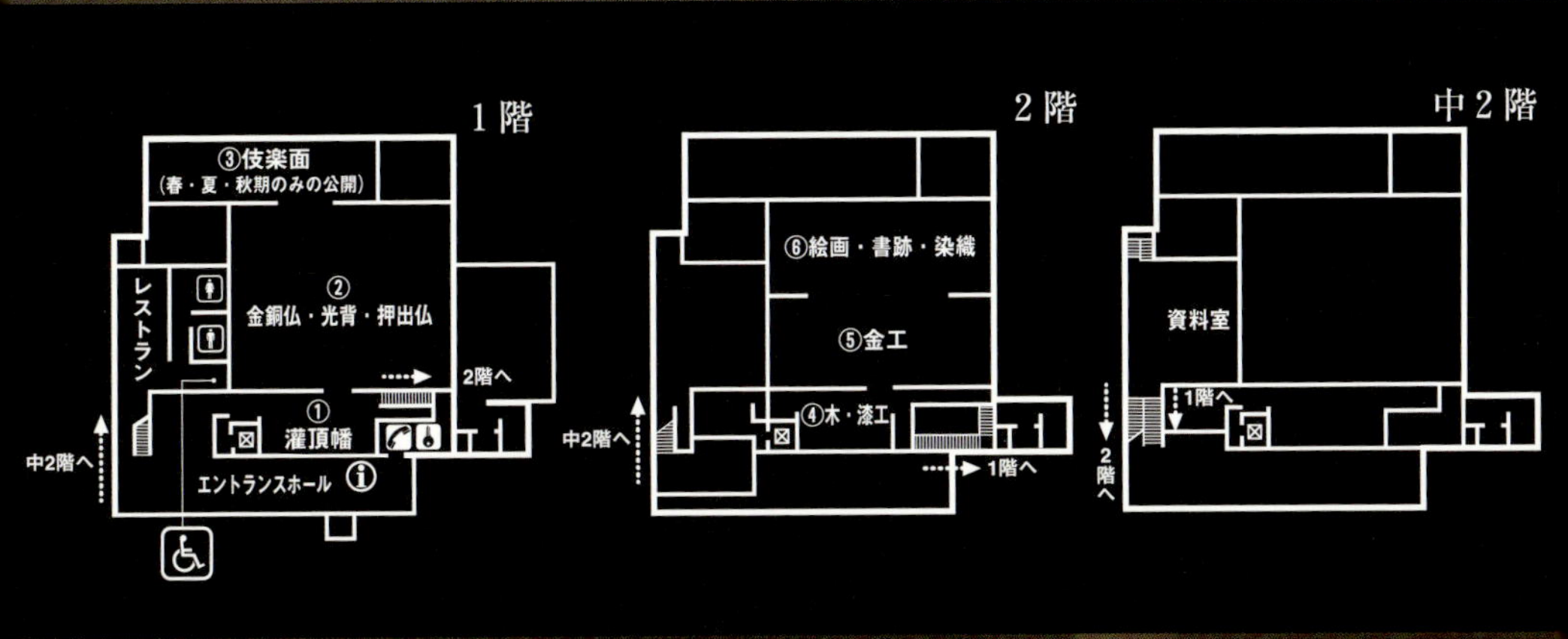
1階
③伎楽面
(春・夏・秋期のみの公開)
②
金銅仏・光背・押出仏
レストラン
①
灌頂幡
エントランスホール
2階へ
中2階へ
2階
⑥絵画・書跡・染織
⑤金工
④木・漆工
中2階へ
1階へ
中2階
資料室
1階へ
2階へ

繡仏（繡仏裂） 飛鳥 絹製 38・0×11・0
「天寿国繡帳」より一段と精緻な繡技を見せる このように比較的原形をとどめるもの六片、ほかに残欠は多数ある

繡仏（繡仏裂） 飛鳥 絹製 66・0×8・0

竜首水瓶 銅造鍍金 高49.9
従来、中国・唐時代のもので銀製鍍金と考えられてきたが、最近の研究によって、実はブロンズ製で、7世紀に日本で作られた可能性が高いと考えられている 左はその部分

法隆寺宝物館

仏殿の内外を飾った「幡」などの染織品は、保存状態もよく、宝物館の中でも一際華やかな存在　繊細なもので年に数回展示替えされる
広東綾大幡・幡頭　飛鳥　絹製　長476.8

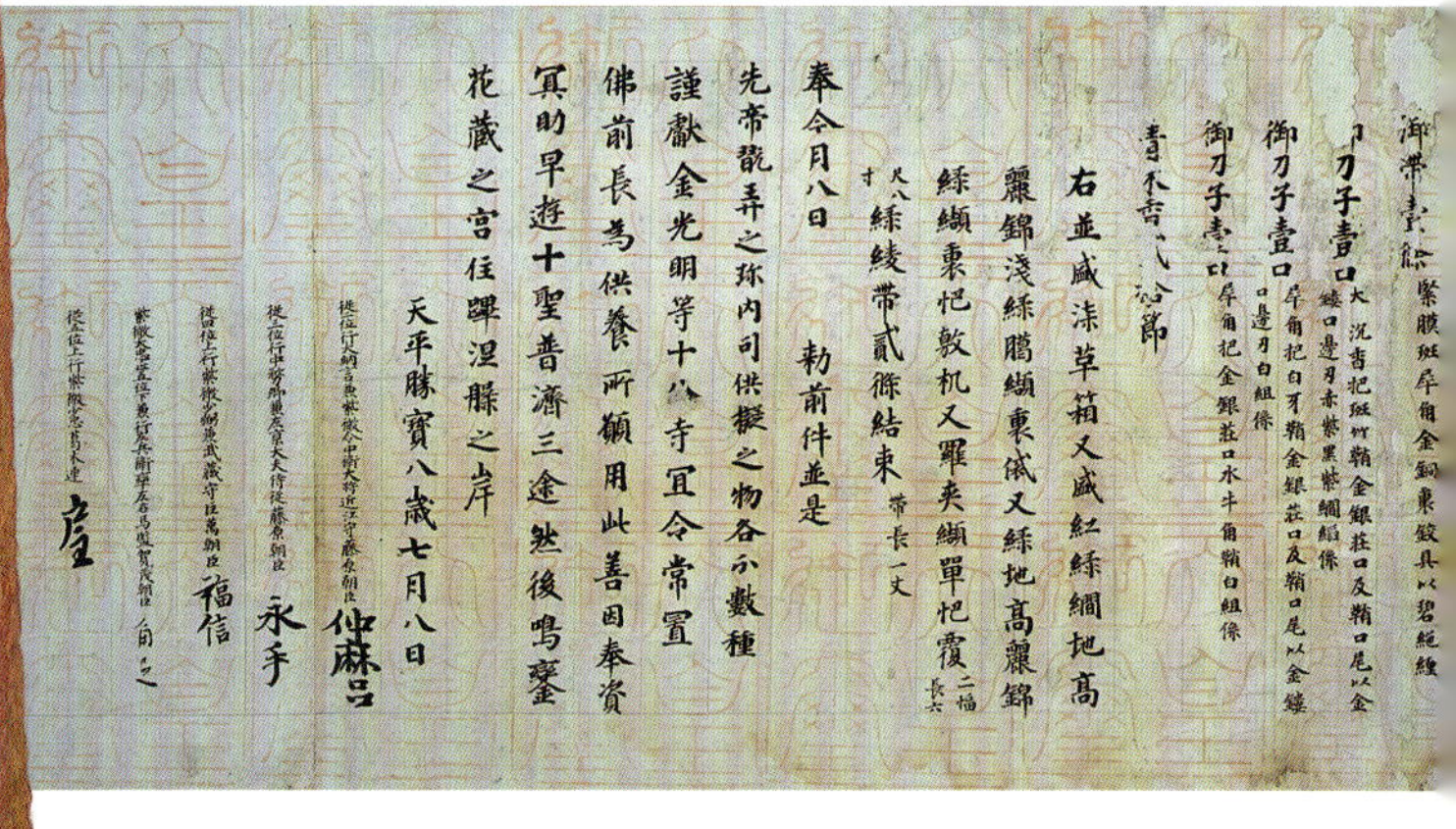
右並盛漆草箱又盛紅緑綱地高
麗錦浅緑臈纈裹裓又緑地高麗錦
緑纈裹帊敷机又羅夾纈單帊覆
緑綾帯貳條結束
奉今月八日　勅前件並是
先帝翫弄之珎内司供擬之物各分數種
謹獻金光明等十八寺冝令常置
佛前長為供養所願用此善因奉資
冥助早遊十聖普濟三途然後鳴鑾
花蔵之宮住蹕涅槃之岸
天平勝寶八歳七月八日
仲麻呂
永手
福信

法隆寺献物帳（部分）　奈良　紙本墨書　27.8×70.6
天平勝宝８年（756）、聖武天皇の冥福を祈って、孝謙天皇が先帝遺愛の品を東大寺をはじめとする18カ寺に献納したが、これは法隆寺に贈られた分の目録
他の寺の目録で現存するのは、正倉院にのこる東大寺の分のみである

Asian Gallery 東洋館

日本の文化は永い歳月の間に、中国をはじめとした東洋諸国から、数多くの文化財が将来されたことで発展してきた。それら貴重な文化財を一堂に集めたのが、この東洋館。

「疲れるんですよ。ここをすべて細かく見ようと思ったら、一日あったって足りやしない」

東洋館を訪れた初老の紳士の嘆息。展示数が多い上に、三階まである陳列室一〇室を半階ずつ階段を上って段々畑のような作りの陳列室を順々に見て回るのは、歳のいった人でなくてもかなりキツイ。最初のインド・中国にはじまり、❸室のエジプト、西・東南アジア美術からはほぼ西から東に向かってだんだんと日本に近づき、最後にお隣の朝鮮美術へとたどり着く仕組みだ。収蔵品約一万七〇〇〇件。うち陳列されているのはその一部

❶室　中国の仏教彫刻群

表慶館前から見た東洋館全景
基本設計・谷口吉郎

で、定期的に陳列替えが行なわれるが、数と種類の多さに圧倒される。

東洋館は中国美術のコレクションが特に豊富で、蒐集家がまとまったかたちで所蔵していたものの寄贈が大部分をなす。もちろん中国以外の美術品も、これまでに数々の名品・奇品が東洋館に寄せられている。これだけの規模の東洋美術館は世界でもあまり例を見ない。

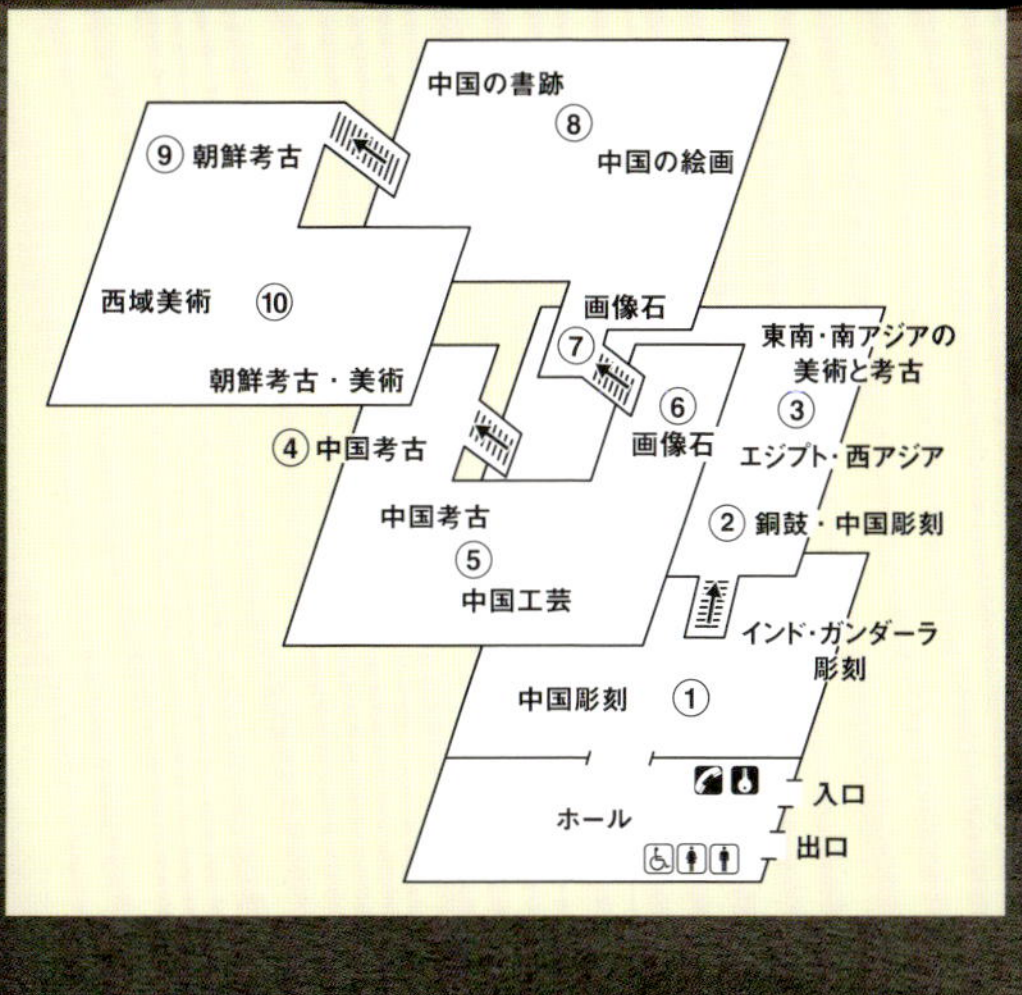

❸室のエジプトの彫刻[上]と
ミイラ（エジプト第23王朝時代＝前7世紀〜前6世紀
テーベ出土　長161.7　アンリー・マスペロ氏寄贈）

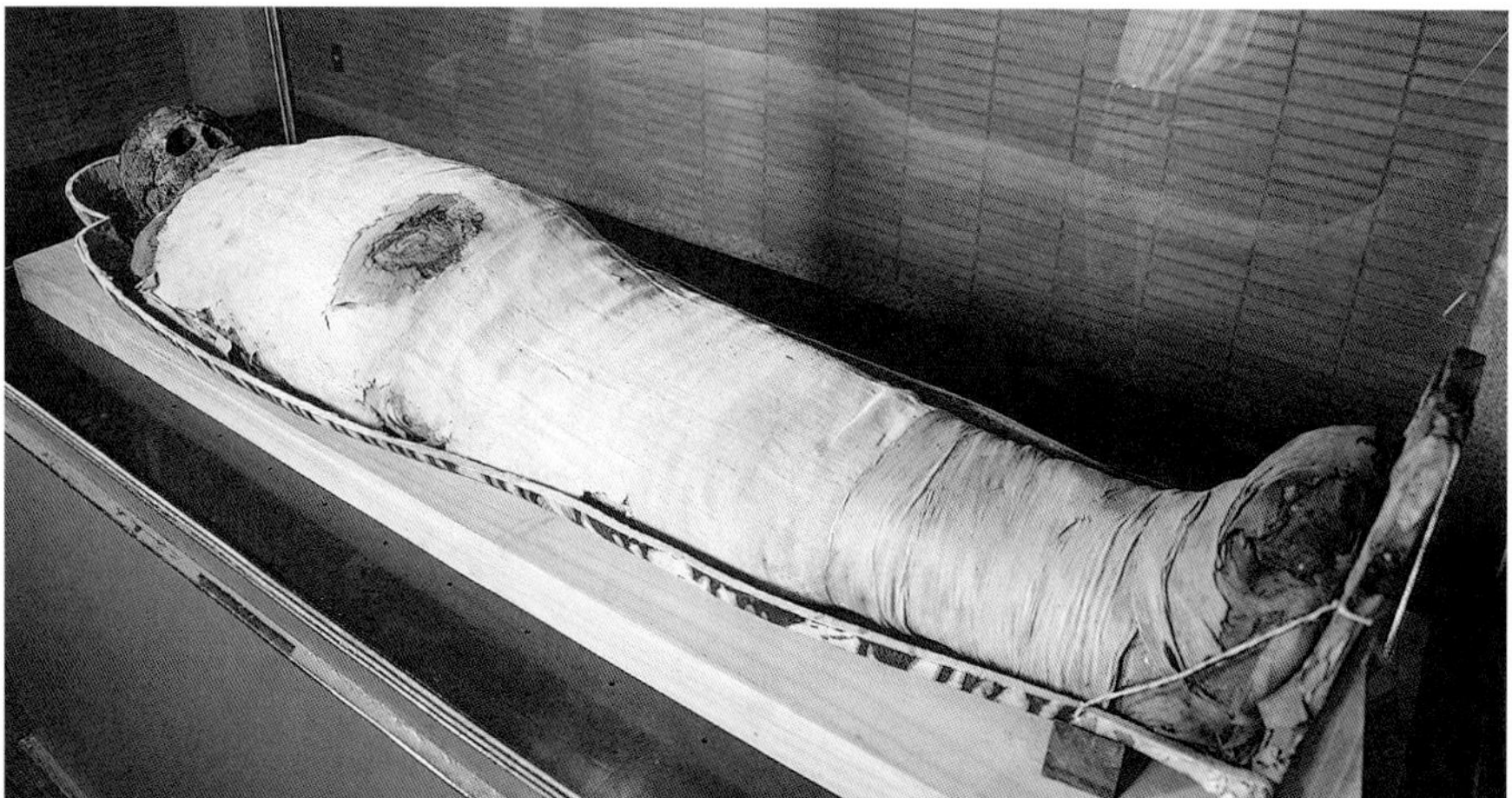

ワヤン人形　インドネシア
ジャワ島　革製彩色
長17.5　佐和山弥六氏寄贈

色絵人物文鉢　イラン　12〜13世紀
レイ窯　ミナイ手陶器　高9・0
口径19・9　高台径7・4

神像　インドネシア　バリ島
木彫彩色　高66　横68
姉歯きん氏寄贈

❸室のインド更紗の展示風景

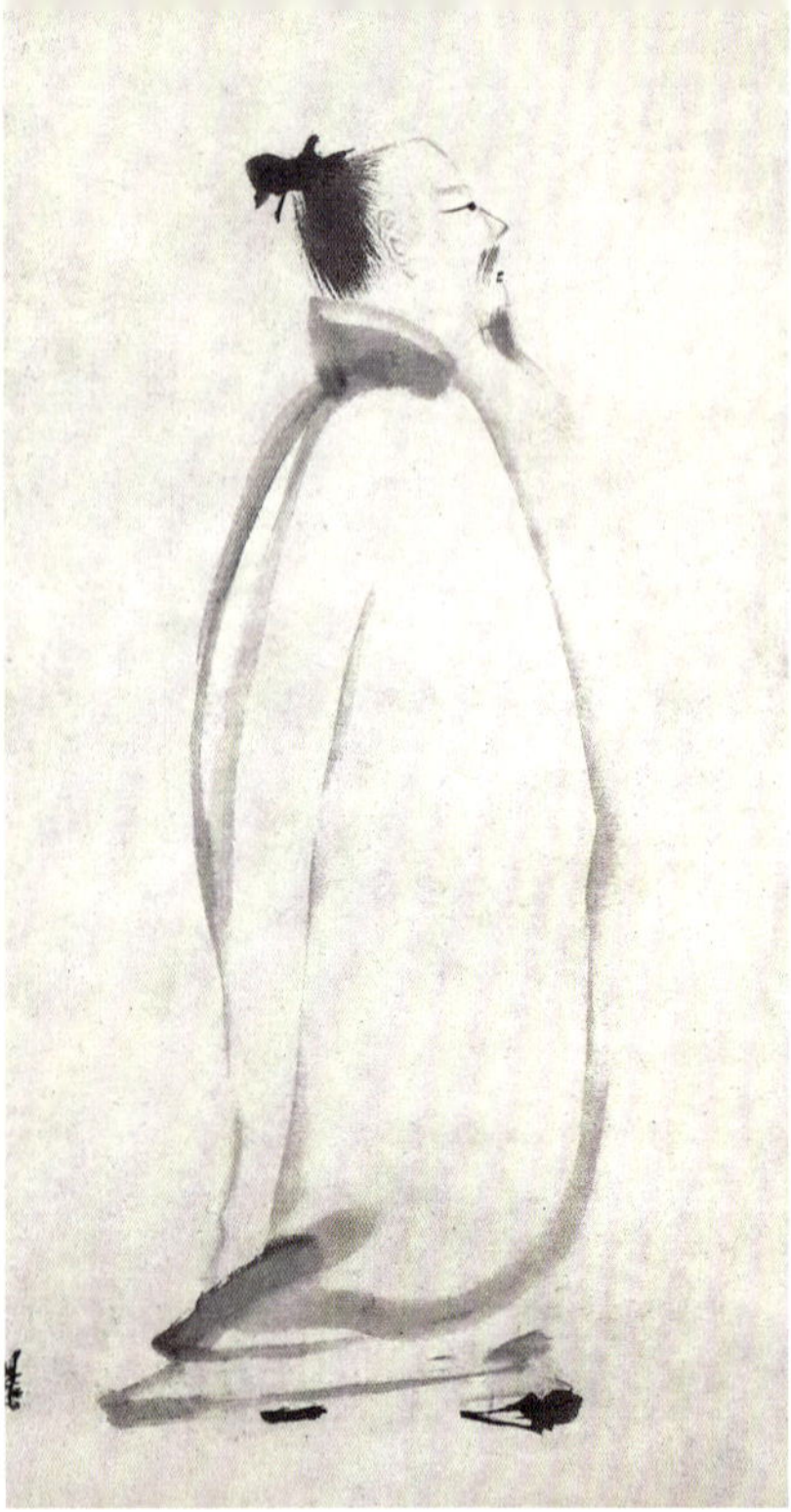

梁楷　李白吟行図　南宋（13世紀）
紙本墨画　81.1×30.5

中国の書が並ぶ❽室

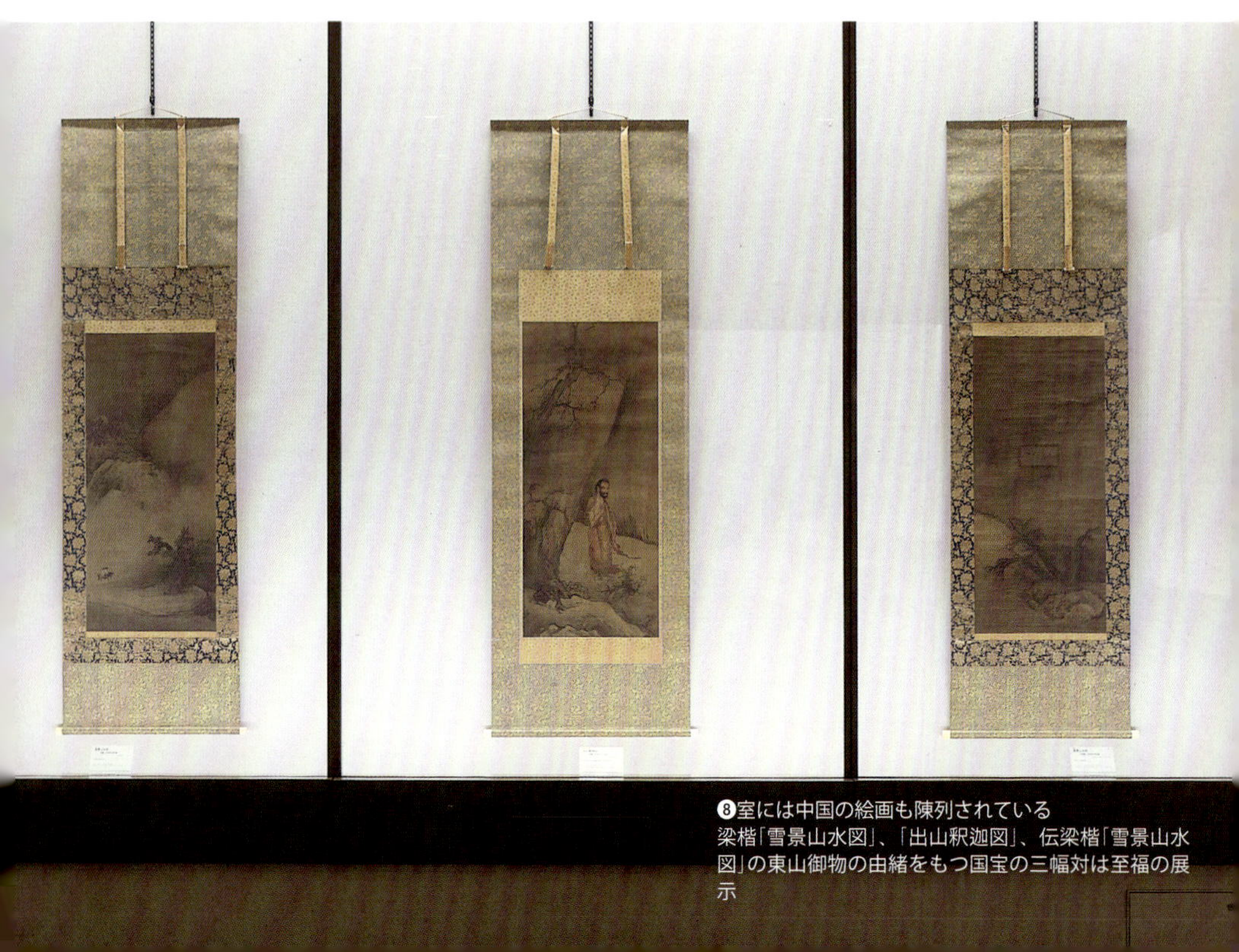

❽室には中国の絵画も陳列されている
梁楷「雪景山水図」、「出山釈迦図」、伝梁楷「雪景山水図」の東山御物の由緒をもつ国宝の三幅対は至福の展示

中国の三彩俑が並ぶ❺室展示風景

［上］青花龍文壺　景徳鎮窯　元（14世紀）
高29.3　径20.4　口径18.0
［左］饕餮文瓿　商（殷）後期　青銅製
高60.7　坂本キク氏寄贈

［右］太環式耳飾　三国時代（5〜6世紀）
長8・9
［左］青磁象嵌蒲柳水禽文瓶　高麗時代（12世紀）
高34・2　口径5・9　底径13・2

⑩室朝鮮陶磁の展示風景

［上］壁画ドルナ像　キジル将来
7世紀　40.5×28.0
［左上］菩薩像頭部など
大谷探検隊将来品の展示風景

大谷探検隊将来品

東洋館のコレクションの中で、大谷探検隊が持ち帰ったシルクロードの遺品くらいロマンを感じさせるものはないだろう。⑩室の西域コーナーに常設展示されている。大谷探検隊は十九世紀末、西欧諸国から相次いで派遣されたシルクロード探検隊に続いて、日本から唯一繰り出した探検隊で、のち浄土真宗本願寺派（西本願寺）門主となった大谷光瑞（一八七六〜一九四八）が組織したものである。約七〇〇点の蒐集品の多くは、第二次大戦前にソウルの国立中央博物館と旅順の博物館に移管され、現在も両博物館にそのまま所蔵されているが、国内に残った美術遺品の大半がここにある。その数約一六〇点。敦煌、トゥルファン、クチャなどの遺跡から将来した数々の遺品には、東西の文化交流の橋渡しだったシルクロードの香りがいっぱいに詰まっている。

痩身人形　アスターナ出土
木造　像高13

三彩龍耳瓶　唐(8世紀)
高47.4　径11.4　底径10.0

白釉獅子形陶枕　宋(12世紀)
磁州窯系　高16.4

横河コレクション

中国陶磁は、東洋館の中でも特に充実した分野である。その中核をなすのが横河コレクションだ。寄贈者の横河民輔氏（一八六四〜一九四五）は三越本店などを建てた建築家で、また横河電機の創設者として有名な実業家だが、やきもののコレクターとしてもよく知られた人だった。東京国立博物館への寄贈は、旧帝室博物館時代の昭和七年から前後六回に及び、一部は下枝夫人の名で寄贈されている。中国陶磁約八〇〇点の他、日本一八四点、朝鮮五三点、ペルシャ一四点、タイ・ベトナム一二点、オランダ二点、インド、デンマーク各一点、総数およそ一〇六〇点に達する膨大なものである。そのなかで注目したいのは、なんといっても中国陶磁。漢から清までの各時代のものを網羅し、その種類の豊富なことはむしろ海外で有名で、横河氏本人も生前「私の集めたものには、あまり日本人の好かないものが相当にある。もしこれが市場に出たら、その過半数は外国に流れるだろう」と語っている。彼のコレクションの最大の特徴は、名品主義にとらわれず、系統的に中国陶磁の特質や変遷を概観できるように蒐集している点で、中国二千年の陶芸史をまのあたりにすることができる。このことが東洋館の陳列に厚みをもたせていることは間違いない。❺室に展示される。

加彩楽舞人俑　漢(前2世紀頃)
左から高14.5　11.5　11.5

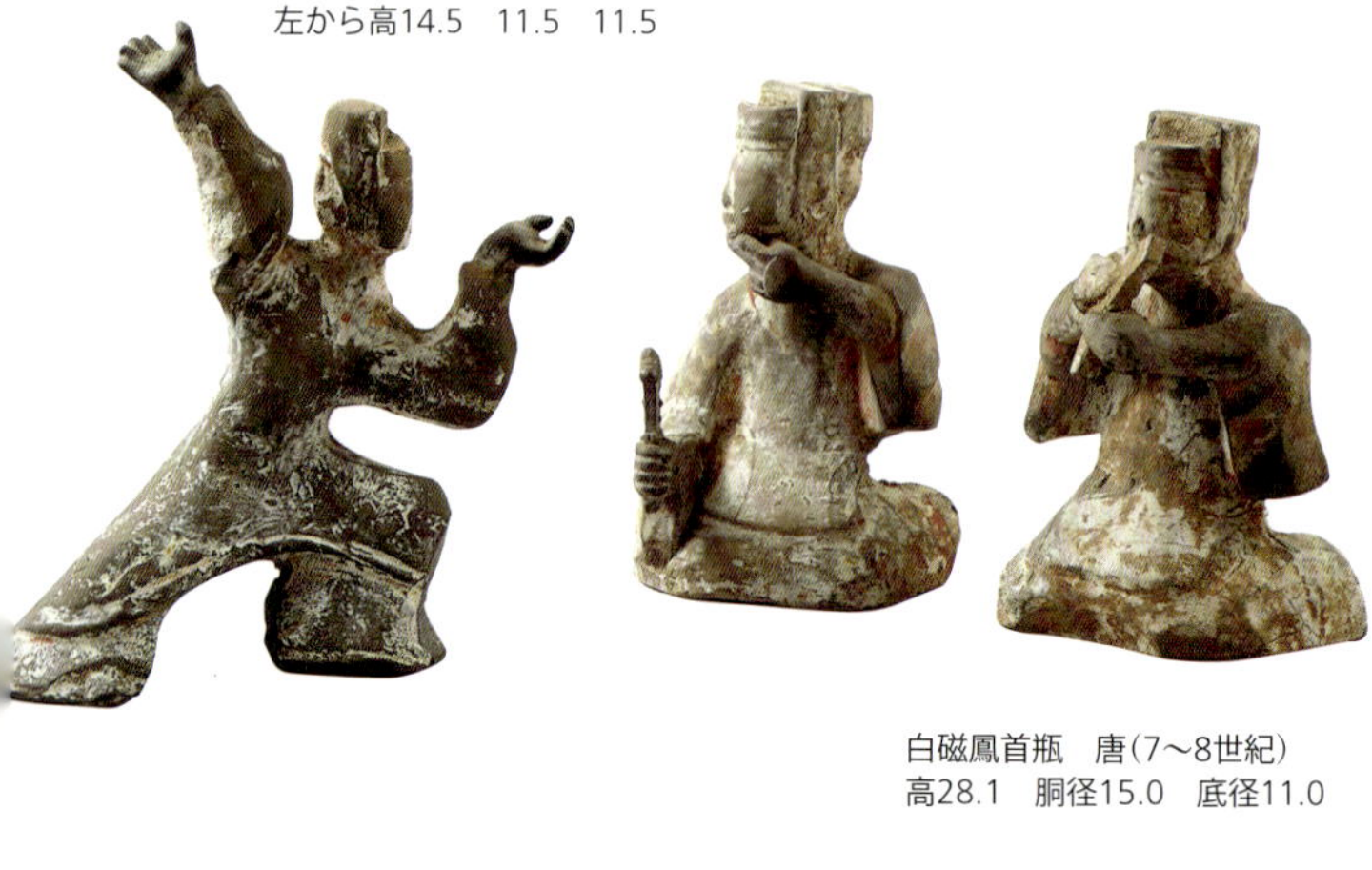

白磁鳳首瓶　唐(7〜8世紀)
高28.1　胴径15.0　底径11.0

神将立像　統一新羅時代（8世紀）
金銅製　高19.5

李天祐　鷹図　李朝時代
紙本著色　97.1×52.3

八角舎利塔　統一新羅時代（8世紀）
伝全羅南道順天郡光陽出土　金銅製
高17・8

小倉コレクション

小倉コレクションは、戦前に朝鮮の大邱で活躍した実業家小倉武之助氏（一八七〇～一九六四）が蒐集したもので、総数一一一〇件を数える。小倉武之助氏は明治三年千葉県の成田市久住町に生まれ、東京帝国大学卒業後、一時日本郵船に勤務したが、その後、当時発展途上にあった朝鮮にわたり、明治四十四年大邱電気を興し、のち朝鮮第一の電気会社にまで育てた実業家である。氏は昭和二十年まで朝鮮に滞在し、考古・美術品を蒐集した。蒐集品の一部は東京の小倉邸に置かれていたが、大部分は敗戦の混乱から朝鮮にそのまま残された。この東京にあったものが小倉コレクションの根幹となっている。昭和三十三年に、これら蒐集品の保存のために財団法人小倉コレクション保存会が設立されたが、昭和五十六年、財団は解散し、コレクションは一括して東京国立博物館に寄贈された。考古品が約半数を占めるが、その他金工品、陶磁器、漆工品、書跡・絵画とあらゆる分野をカバーしている。なかには、三国時代の金銅製透彫冠帽（163頁）のように、重要文化財に指定されているものが八点ある。これだけまとまった朝鮮美術のコレクションは少なくとも日本国内では他に例を見ない。❾、❿室に展示される。

Heisei Gallery 平成館

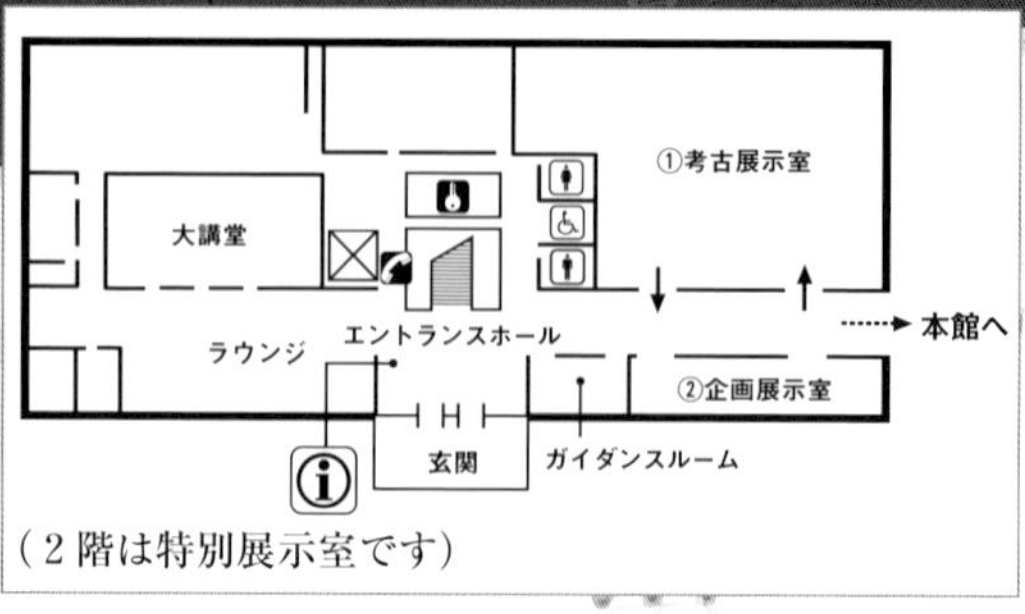

平成館は、東京国立博物館のなかで最も新しい建物。皇太子殿下ご成婚を記念して建設が計画され、平成十一年十月十二日、開館した。本館一階分とほぼ同じスペースをもつ特別展専用の展示室が二階にあり、従来の平常展示をとりはらっての特別展という不自由が解消された。

一階右翼は、考古展示室と企画展示室。考古展示室は、通史展示とテーマ展示とからなり、約三万年前の旧石器時代から江戸時代までの考古遺物が整然と並んでいる。江戸時代まで考古の通史展示がされているのは、東京国立博物館ならではといっていい。考古学といえば、古墳時代以前を考えがちだが、地下から出たものは、たとえ昨日のものでも考古学の範疇に入るとのこと。常設展示されてはいないが、近年、銀座の工事現場からダンプカーで夢の島に運ばれた残土中からザクザクと現れた小判も、考古コレクションとして保管されている。

東博の考古コレクションとして中核をなしているのは、古墳から出土した副葬品である。熊本の江田船山古墳、奈良の新沢千塚126号墳など明治から戦後すぐの頃までの全国の大きな古墳から出土した主なものが収蔵されている。第二に青銅器、第三に瓦が重要なコレクションとなる。瓦

平成館外観
関東地方建設局・安井建築設計事務所設計

形象埴輪のパノラマ展示
群馬県邑楽郡大泉町古海出土ほか　古墳(6世紀)

というと、どうしてと思う人も多いかもしれないが、現在のような科学的な遺跡分析の術をもたなかった戦前までは、礎石の残らない建造物は瓦によってその概要を推測する以外に方法がなかった。瓦のコレクターは各地方に多数存在するが、東博の場合、全国的に、しかも各時代をカバーできるだけの規模で蒐集しているところに大きな価値がある。

さて、展示は壁にそって通史展示が旧石器時代から歴史時代まで十二のセクションにわけて展開され、内側の空間で十九のテーマによるテーマ展示がおこなわれている。各セクションの説明板もくわしく、かつての表慶館時代の展示に較べダイナミックな展示になり、形象埴輪の展示など、とりわけ楽しく見ることができる。

企画展示室では「親と子のギャラリー」がたびたび開催され、これは、「子どもといっしょに展示を楽しみたい」という家族づれや「展示の内容が難しい」という小・中学生のためのコーナー。試行錯誤の段階だろうが、やがて大きな実がむすばれることを祈りたい。

一階左翼は約四〇〇の席数をもつ大講堂とラウンジとなっている。

縄文・弥生時代

［右］袈裟襷文銅鐸　弥生（2〜3世紀）
高47・5　神戸市東灘区住吉町渦森出土
［左］甕形土器　縄文中期　高59・5
長野県伊那市宮ノ前出土

［左］土偶　縄文中期
高25・2
山梨県笛吹市御坂町
上黒駒出土

［右］丹塗台付壺　弥生中期　高24・6
名古屋市熱田区高蔵貝塚出土
［左］人面付壺形土器　弥生中期
高69・5　茨城県筑西市女方出土

平成館

古墳時代

埴輪　犬　古墳（6〜7世紀）
高46.3
群馬県伊勢崎市上武士出土

金銅製眉庇付冑　古墳（5世紀）
千葉県木更津市祇園地大塚山出土

金銅製冠帽　古墳（5世紀）　高16.5
熊本県玉名郡菊水町江田船山古墳出土

金製耳飾り　古墳（5〜6世紀）
長14.9（上）　長6.7（下）
熊本県玉名郡菊水町江田船山古墳出土

［上］一仏一字瓦経　平安〜鎌倉　17.8×17.5
兵庫県朝来郡山東町楽音寺経塚出土
［右］銅経筒　康和5年（1103）　高29.0
山梨県東山梨郡勝沼町柏尾山経塚出土

瓦製五重塔（奈良〜平安　高196.7
東京都東村山市多摩湖町出土）などの展示風景

博物館ブラブラ散歩

ユリノキの大木と来館した児童たち

博物館の前庭に種痘の始祖・ジェンナーの銅像があるのを御存知だろうか。奈良の古寺にあった校倉の経蔵、大名屋敷の棟を飾った鬼瓦、そして裏庭には由緒ある茶室……。ついつい見過ごしていた屋外にもこんなにたくさんの見所がかくされている。

博物館がかつて自然科学分野の研究室、天産部をもっていたころの置き土産、珍しい植物群も見逃せない。正門を入ってまず目につくのが本館前の大きく枝を広げるユリノキの大木。五月の声を聞く頃、枝先に百合の花にも似た、小さく可憐な花を鈴なりにつけ、博物館のシンボル・ツリーとして愛されている。池をはさんだ対岸には、大きくはないものの見事な枝振りの枝垂桜（これは昭和四十四年、遺伝学研究所から移植されたもの）、満開の姿を一度は見ておきたいものだ。さらに法隆寺宝物館の周囲をびっしりと埋めつくすハナダイコンの紫の花。そしてカントウタンポポやシロバナタンポポといった、今では珍しくなってしまった野草の類もそちこちにはびこっている。晩秋になれば見事な紅葉をそここに見ることが出来る。上野の動物園ももとをただせば博物館の一部だったのだ。

［上右］満開の枝垂桜
［上左］ハナダイコンの花が絨毯のよう……

奈良市十輪院より移築された校倉。内壁には釈迦十六善神像が描かれており、大般若経の経蔵として建てられたものとみられる。建物下壁の四方は十六善神像を線刻した石で囲まれている。

奈良市十輪院より移築された校倉

黄金色のイチョウに包まれた表慶館

［上］黒門　元池田侯爵邸の門を移築したもので重要文化財

［左］朝鮮半島江原道伝来の獅子の石像

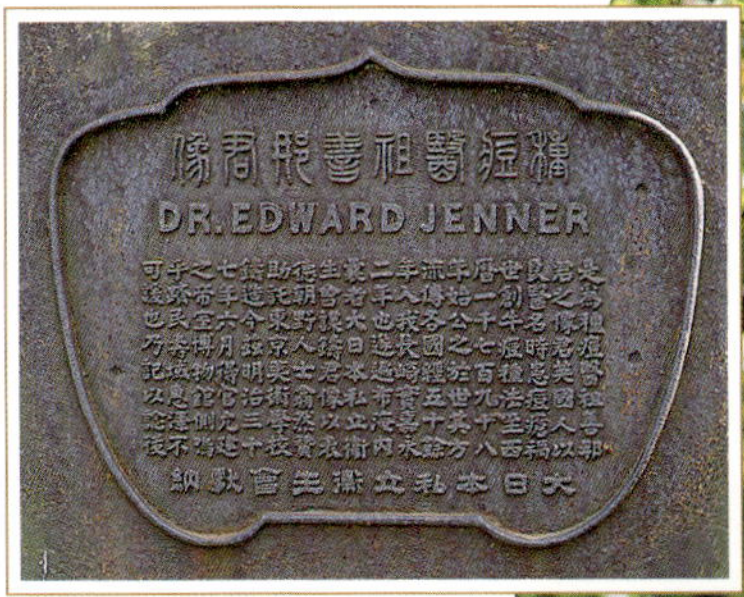

樹間にジェンナー像が立っている

種痘発明者E・ジェンナーの銅像。大日本私立衛生会が彼の業績を讃えて東京美術学校に造像を依頼、米原雲海が原型制作にあたり、明治三十七年に完成している。台座（上）には「種痘医祖善那君像」と刻まれている。

裏庭に建つ銅製の五重塔。高さ五・七メートルで、最上部の相輪に龍がからみつき、博物館敷地の鬼門に当たる東北隅にある。元禄年間に五代将軍綱吉が法隆寺に献納したもの。この地下に大正天皇大葬の際に使用した牛車などの葬具一式が埋蔵されているとの伝説めいた話が残されている。

[上右]銅製五重塔
[上左]陶製燈籠　4代清水六兵衛作で、明治41年の銘がある
[下右]筑前福岡藩主黒田家江戸屋敷の棟飾鬼瓦
[下左]東洋館の軒下に並ぶ古墳時代の石棺

東京国立博物館案内図

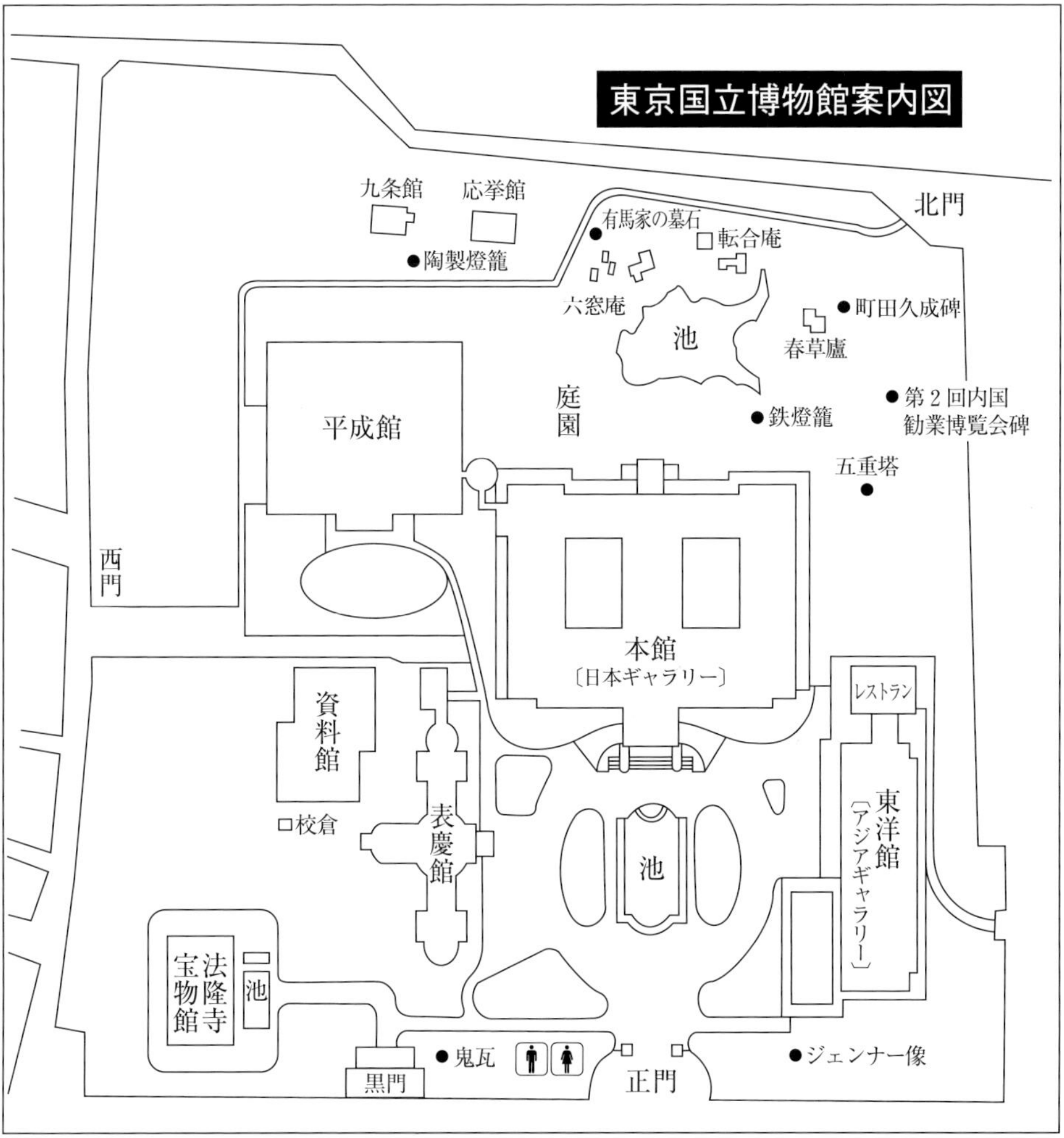

Museum Shop

菱川師宣「見返り美人図」の複製額[右]や酒井抱一「夏秋草図屏風」の複製屏風仕立てなど

東京国立博物館での最後のお楽しみコースとして、本館地下一階のミュージアムショップがある。約千六百点のさまざまなオリジナル・ミュージアムグッズがあり、広い売場を見て歩くだけで面白い。埴輪をモチーフとしたハンカチ・ネクタイ・ストラップ・ぬいぐるみをはじめ、鳥獣戯画や浮世絵師・国芳の金魚づくしなどをモチーフとした彩りもきれいな手拭が人気商品。また東京国立博物館の出版物や各地で開催された展覧会カタログ、日本と東洋に関する美術・考古・歴史の書籍等約四千五百種類の美術書コーナーも充実。平成十六年九月、本館リニューアル・グランドオープンに際して、東洋館一階にも分店を開いている。

転合庵
Tengoan

小堀遠州が京都伏見の六地蔵に建てた茶室で、後に大原寂光院に移築された。昭和三十八年十月、塩原千代氏より寄贈され、現在の位置に移築された

博物館の裏には広い日本庭園がある。ここには鬱蒼と繁る木立の中に、本館裏の池を中心に、転合庵、六窓庵《ろくそうあん》、春草廬、応挙館、九条館と、移築された五棟の建物が点在する。一般公開はされていないが、申し込めば茶会などに利用できる。

博物館内を散策していると、まず目に、そして耳に付くのがカラスの多さだ。ここは銀座方面に出没するカラスのねぐらとなっているのだ。とにかくやかましいけれど、上野の杜の図々しい鳩は来ない。そのかわり、かつては不忍池から毎日大挙してやってきたのが鵜で、庭の池に二〇〇〇匹の鯉の稚魚を放したところ、半分以上も食べられてしまったとか……。最近は鵜よりも、鴨や鷺の姿が目立つとも。

本館1階のラウンジから裏庭を見ると池畔に建つ転合庵が望める
下はその内部

桜花をふみしめて
春草廬にむかう

春草廬
Shunsoro

江戸時代、河村瑞賢が摂津淀川改修工事の際に休憩所として建てたもので、昭和十二年に松永安左エ門氏が埼玉県所沢市の別荘、柳瀬荘に移築した。昭和二十三年、柳瀬荘全体が寄贈され、三十四年、この建物のみが現在の位置に移築された

六窓庵

Rokusoan

慶安年間（十七世紀中頃）、奈良の慈眼院に建てられたもので、明治十年に解体修理の上、ここに移築された。第二次大戦中、一時解体疎開したが、昭和二十二年、数寄屋師木村清兵衛によって再建された

［上右］六窓庵と石燈籠
［上左］六窓庵の内部
［下］明かり取りの小窓が並ぶ六窓庵

床の間の山水図は狩野派の筆

九条館

Kujokan

京都御所内九条邸にあったもので、東京赤坂の九条邸に移され、昭和九年、九条道秀氏より寄贈されて、同十一年にここに移築。床張付、襖などに四季を配して描かれた山水図は狩野派の筆。平成元年春、補修工事を終えて、外観が一新された。カリンの一枚板に藤花菱を透し彫りにした凝った意匠の欄間が目に残る

[上]カリンの一枚板に藤花菱を透し彫りにした欄間
[下]九条館外観

応挙館

Okyokan

黄葉におおわれた応挙館
［上］応挙館の欄間の意匠
［下］床の間の松の図は応挙筆

応挙館の杉戸に描かれた応挙の「朝顔狗子図」
天明四年（一七八四）　各168・5×81・3

寛保二年（一七四二）、名古屋市郊外の明眼院の書院として建築された建物で、明治二十年（一八八七）、東京品川の益田孝氏邸内に移築された。室内には円山応挙が明眼院に眼病で滞留した際に描いた絵が残り、応挙館の名の由来となっている。昭和八年、益田氏より宮内省に献納され、同十一年に現在の位置に移築された

黄林閣 *Orinkaku*

埼玉県所沢市にある、もと松永安左エ門氏の別荘、柳瀬荘内にある建物で、春草廬同様、昭和二十三年に寄贈されたが、現地にそのままの形で保存してある。黄林閣は一万六八六六平方米の細長い敷地を持つ柳瀬荘の主屋で、もとは天保年間に建った村山柳窪の庄屋の家を昭和五年、表門と共にこの地に移築したもの。この他、東大寺、不退寺などの古材を用いた書院・斜月亭や、茶室・久木庵、耳庵などの風雅な建物が武蔵野の面影を残す庭に点在している

もと松永安左エ門氏の別荘だった柳瀬荘の黄林閣　埼玉県所沢市の下宇天神林に保存されている

第二部 こんなこともあった東京国立博物館の歴史

博覧会ばやりの昨今だが、もう一世紀以上も昔のこと、維新の動乱の中で小さな博覧会が開かれた。明治五年文部省博覧会、これが〝東博〟の、つまり日本の博物館の始まりである。京都や奈良の博物館も科学博物館も、上野動物園も国会図書館も、実はここ東博から枝分かれしていったものだったのだ。百三十年の紆余曲折を写真とエピソードで振り返ると……

湯島の大成殿で開かれた
文部省博覧会での記念写真二種
下図のバックは名古屋城の金鯱

明治５年春、当時文部省が置かれていた湯島の大成殿で文部省博覧会が開かれた　これが東京国立博物館の出発点　写真にみえる虎図やオットセイの剝製も右頁下の展示物を描いた一曜斎国輝の錦絵「古今珍物集覧」に描きこまれている　名古屋城の金鯱は博覧会の目玉であった

明治６年(1873)のウィーン万国博覧会への参加は、初期の博物館の蔵品充実に大いに貢献した　ウィーン博・本館日本列品所[上]と、金鯱などを展示したその内部(『澳国博覧会参同記要』より)

博覧会と博物館の創立

明治五年（一八七二）、文部省博物館の最初の博覧会が開かれた。「漢委奴国王」の金印、シーボルトの息子アレキサンドルが出品した「澳国《おうこく》軍服」、高橋由一の油彩、名古屋城の金鯱などが並べられ、多くの観客を集めたが、博覧会後も、一と六のつく日には公開をしたらしい。恒久的な展示施設としての博物館――東京国立博物館の誕生である。もっとも当時の館蔵品といえば標本類だけで、多くは外部からの出品であった。館蔵品を充実させる契機となったのは明治六年のウィーン万国博覧会。オーストリア公使から参加要請があったこの「澳国博覧会」に参加するため、政府は出品物を広く全国から集めた。各地の特産品や珍奇なものを二品ずつ差し出させ、一点は常備陳列品として博物館に納めたのである。社寺や華族の所有する宝物の調査も行なわれ、また作品蒐集や出品交渉などを通じて、その後の博物館運営を助けもしたのである。

日比谷に東博があった時代──山下門内博物館　博物館は明治６年には湯島から日比谷・山下門内(現在の帝国ホテルのあたり)に移転　古物(芸術・史伝など)を並べる陳列館、天産(動物・植物・鉱物)、農業、工芸機械などの列品館から動物の畜養所、有用植物園など、あらゆるジャンルにわたる総合博物館をめざした　本図は正門、右下図の畜養所が充実発展したのが、現在の上野動物園である

はじめは総合博物館

当初の博物館の構想は壮大なもので、天造物・人工物を陳列する「博物館」、有用植物を植え、また動物を飼育する「博物園」、そして古今和漢の書籍を集めて閲覧させる「書籍館」と、文字通り博物学を基礎においた総合的な自然史博物館であった。実際、湯島から日比谷・山下門内に敷地を移した博物館には芸術・歴史・教育などの資料を並べる陳列館の他、天産・農業山林・工芸機械・動物骨格などの列品館、さらに動物園の前身である畜養所などがあった。十九世紀に欧米各国であいついで開催された万国博覧会と同様、当時の博物館は、一般の人々に新知識・新技術を広めるという勧業政策の意味も担っていたのである。初期の博物館が手本としたのはロンドンのサウス・ケンジントン博物館（現ヴィクトリア・アンド・アルバート美術館）だったといわれるが、これも一八五一年ロンドン万国博覧会の副産物として生まれた一種の産業博物館であった。明治十五年（一八八二）、博物館が上野に移ってからも天産物の展示は続けられ、最終的になくなるのは関東大震災以後のことである。

浅草文庫　博物館の当初の計画には、幕府旧蔵の書籍などを保管し一般公開する〝書籍館〟の構想も盛り込まれていた明治8年に開館した浅草文庫には、上野に博物館ができるまで古書画も収蔵され、閲覧も行なわれていた

鉱山関係の模型・標本などが並ぶ明治40年代の旧本館陳列室

右図の内部を描いた三代広重の錦絵「内国勧業博覧会美術館之図」

明治10年内国勧業博覧会美術館図

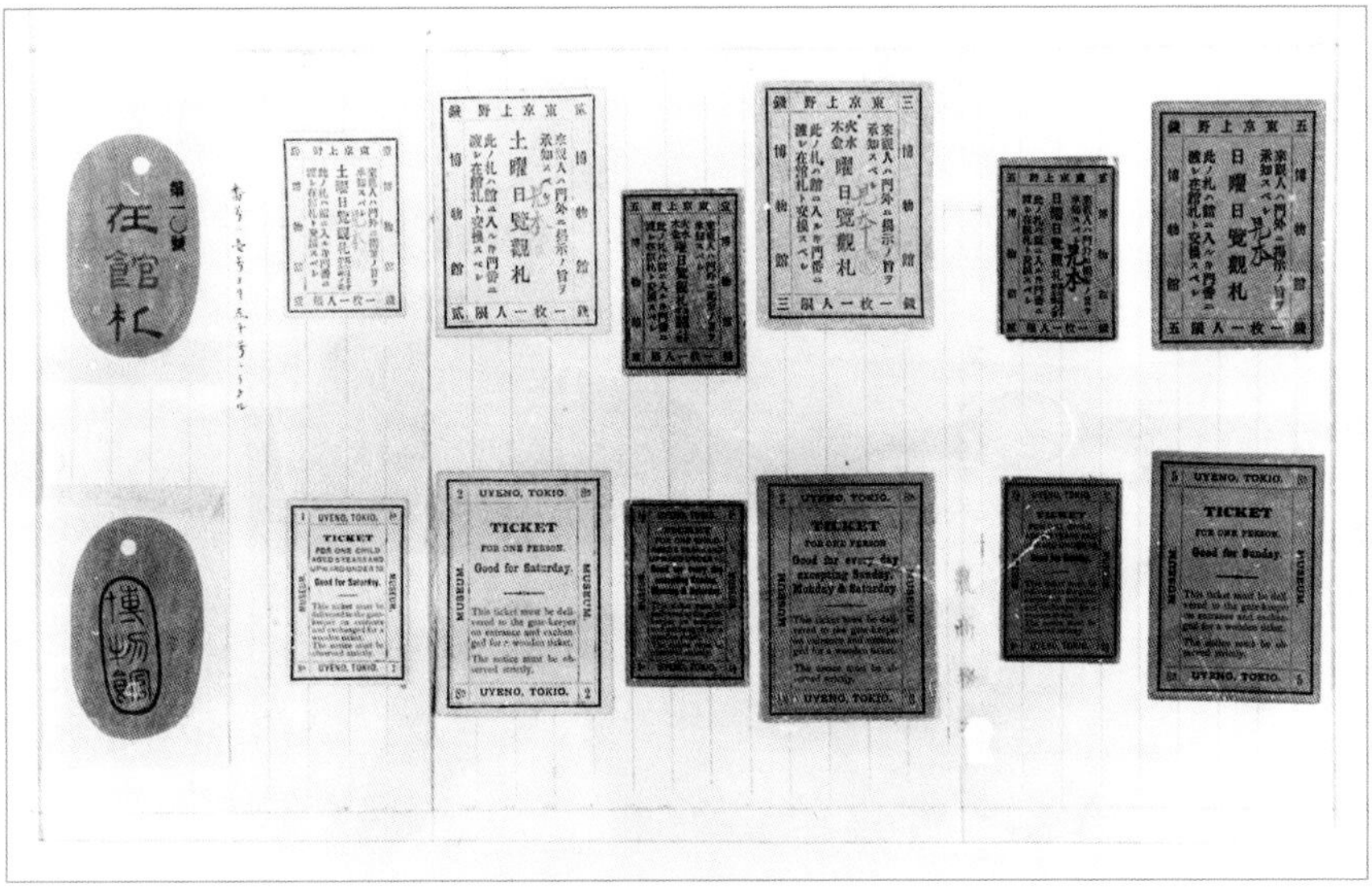

明治15年の博物館観覧券
土曜、日曜、平日で色分けし、裏面は英文　この〝覧観札〟を楕円形の〝在館札〟と交換して博物館に入館するというシステムだった　当時、入館料は日曜5銭、土曜2銭、平日3銭

博物館　上野へ

彰義隊への砲撃で焼野原となった上野寛永寺の広大な跡地は、大学東校（医学校）や陸軍も敷地として狙っていた場所であったが、紆余曲折《うよきょくせつ》の末、博物館のものとなった。明治九年（一八七六）、上野公園は博物館の所管として開園、翌十年には初の「内国勧業博覧会」が開かれた。博覧会の建物のうち「美術館」は恒久使用を目的とした煉瓦造で、のち博物館に引き渡されたし、第三回博覧会でも陳列館を引き継ぐなど、博覧会ごとに博物館の建物は増え、また博物館所属の動物園も次第に体裁を整えていった。

彰義隊攻撃の兵火で焼き払われた上野の森
寛永寺根本中堂跡

[右]三代広重　上野公園内国勧業博覧会美術館図
[左]明治40年代の〝旧本館〞の陳列風景

河鍋暁斎に師事して日本画を学ぶなど日本愛好家でもあった英国人建築家コンドル設計の、赤煉瓦造の〝旧本館〞は明治14年に竣工　同年の第2回内国勧業博覧会で美術館として使用された後、明治15年に博物館として開館

[右]第3回内国勧業博覧会参考館
後に帝室博物館の3号館となる
[左]明治30年代の帝室博物館3号館内部

関東大震災前の"旧本館"と表慶館入り口

大震災と戦争

関東大震災で破損した旧本館
左は歴史部陳列の被害状況

昭和3年の帝室博物館正門

大正十二年（一九二三）関東大震災。幸い火事こそ起こらなかったものの、旧本館・二号館・三号館の煉瓦造の建物は、陳列館として再開できぬほど大きな損害を受けた。これ以後昭和十三年まで、わずかに残った表慶館一館で展示活動をつづけていく。震災後、博物館は動物園を切り離し（大正十三年、東京市に下賜《かし》）、また天産部門の陳列品も文部省の東京博物館（現国立科学博物館）に移された。天変地異は東博が〝美術博物館〟の性格を強めていく契機ともなったのである。復興本館が完成した三年後にはもう、博物館のスタッフは美術品を戦禍から守るために疎開計画を検討しはじめていた。東京府南多摩郡横山村（現八王子市）の武蔵陵墓地内に疎開倉庫が建てられた他、京都府の山中にある常照皇寺、福島県翁島《おきなじま》の高松宮家別邸、岩手県浄法寺町の個人所有の倉などに、重要な美術品が移送された。美術品が各地に送り出される一方で、博物館の構内は農場と化していった。美術品に〝随行〟して各地に赴任した館員たちに帰任命令が出されたのは昭和二十年十二月のことだった。

[上右]食料不足に備えて、博物館の構内にも農園がつくられた。本館前の庭も〝御貸下農場〟として、下谷区の小学校に開放された
[上左]美術品は福島・岩手・奈良・京都などに分散して疎開されたが、福島県翁島の高松宮家別邸には国宝・重要美術品などが運び込まれた

東京国立博物館略史

◆**明治四年**　１８７１
文部省に博物局を設置。田中芳男、博物局掛に。

◆**明治五年**　１８７２
湯島大聖堂で文部省博物館、最初の博覧会を開催。これをもって博物館の開館とする。以後、毎月一・六の日に公開。同所に書籍館も開館。

◆**明治六年**　１８７３
ウィーン万博参加のため太政官におかれた博覧会事務局に博物館が合併。山下門内（千代田区内幸町）に移転。

◆**明治七年**　１８７４
書籍館蔵書を浅草に移し浅草文庫と称する（翌年に開館）。

◆**明治八年**　１８７５
博覧会事務局を博物館と改称、内務省管轄に。その後、内務省第六局と改称し、町田久成が局長に就任。東大寺などの勅封宝物のうち、器物を博物館の所管とする。一・六の日以外に日曜も開館とする。

◆**明治九年**　１８７６
再び博物館と改称の後、さらに博物局と改称。所轄博物館を単に博物館と称する。一定期間の連日公開始まる。

◆**明治十四年**　１８８１
上野公園にコンドル設計の博物館新館（旧本館）が竣工し、第二回内国勧業博覧会で美術館として使用される。博物局は農商務省に管轄替え。山下門内博物館は新館に移転のため閉館。

館蔵仏画の白眉「普賢菩薩像」　明治11年に購入値段は、長く東博の美術課長を務めた溝口禎次郎のメモによれば、「20円ほどであった（50円との伝えもある）」という　溝口は横山大観らと同じ東京美術学校第1回卒業生（明治26年）だから、だいぶ後になって聞いた話を書きとめたものだろう

田中芳男

町田久成

博物館創設の中心的役割を果たしたのが町田久成と田中芳男　博物学者的な立場から自然科学も含めた総合博物館の建設をめざした田中と、古美術を愛好した町田の協力の中で博物館はその形を整えていった

博物館草創期の主役 町田久成と田中芳男

明治十五年、上野にコンドル設計の本館が開館するまで、草創期の博物館をリードしたのは町田久成《ひさなり》（一八三八～九七）と田中芳男（一八三八～一九一六）の二人だった。町田はもと薩摩藩の大目付で、藩留学生の監督役として慶応元年（一八六五）に渡英。明治政府では外交の事務を、ついで大学に移り物産局を担当する。一方、田中は江戸幕府の洋学研究教育機関・蕃書調所に勤務、慶応三年のパリ万国博に使節として参加し、のち新政府では大学に出仕し物産局勤務となる。明治四年、大学は文部省となり、物産局は「博物局」と改称する。五年一月、町田と田中は「澳国博覧会御用掛」を命ぜられ、澳国博覧会事務局と文部省博物局は一体化して、以後の事業を行なうことになる。同年の文部省博覧会についての田中の回想――「尾張城の金鯱を持つて来て中庭に陳列したのが評判が宜かつた。（尾張藩から献納したものが）宮内省の物置きにあつたので、それを貸してやらうといふことで……」。上野本館の開館の七カ月後、町田は博物局長を退き、後任の田中も翌十六年五月には退職した。古美術好きで、岡倉天心、フェノロサ、ビゲローとも親交を結んだ町田は、その後仏道に精進し、古美術品のコレクションを博物館に寄贈。これに対して田中は農水産関係の仕事をしながら元老院議官、勅選議員を歴任、死の前年には男爵に叙せられている。

◆明治十五年　１８８２
新館（旧本館）、開館。年末・年始と月曜を除いて公開。田中芳男が博物局長に就任。十一年に法隆寺より皇室に献納された「法隆寺献納宝物」を新館に収蔵。
◆明治十六年　１８８３
正倉院の曝涼《ばくりょう》を行なう。以後、毎年実施。
◆明治十九年　１８８６
宮内省に管轄替え。以後昭和二十二年まで同省に属する。
◆明治二十年　１８８７
宮内省保存の御物のうち、一部を博物館に保存することを上申、受理される。教員の引率する官公立学校学生生徒団体の観覧を無料とする。
◆明治二十一年　１８８８
博物館を宮内省図書寮の付属とする。
◆明治二十二年　１８８９
図書寮付属博物館を廃し、帝国博物館を設置（開館は翌年）。九鬼隆一が総長、岡倉天心が美術部長に就任。
◆明治二十三年　１８９０
帝国博物館、新陳列で開館。法隆寺金堂四天王などの模作を東京美術学校に委嘱。同事業は二十六年まで継続。
◆明治二十四年　１８９１
日本美術史の編纂を企画し、着手する。
◆明治三十年　１８９７
古社寺保存法の制定により廃止された臨時全国宝物取調局の業務を引き継ぐ。
◆明治三十三年　１９００
東京帝室博物館と改称。古社寺保存法に基づき、全国の社寺が所有する国宝の出陳展覧を開始す

明治11年に法隆寺から皇室に献納され、明治15年に新館に収蔵された「法隆寺献納宝物」の内「摩耶夫人及び天人像」

お公家さん用の〝尿筒《ゆばりつつ》〟
明治15年、日本画家・山名貫義氏から寄贈されたものという　その昔、嵩張った装束を着用した公家たちは〝自然の呼び声〟に応じて、懐にこんな道具を忍ばせていたらしい　もっとも江戸期には単に「儀礼的な持ち物として」懐中しただけのことかもしれない――と山辺知行氏は推測している（「国立博物館ニュース」一一八号）　紙製で高さ27・2センチ、直径約5センチ

「帝国」が冠せられた博物館

その年の二月に大日本帝国憲法が発布された明治二十二年の五月、博物館は「帝国博物館」となる。京都・奈良にもそれぞれ帝国博物館の設置が決まり、三館を統括する帝国博物館総長に九鬼隆一（一八五二〜一九三一）が就任した。明治二十一年に宮内省図書寮《ずしょりょう》付属となった博物館は、帝国博物館をへて明治三十三年には更に「東京帝室博物館」と改称、名実ともに皇室の博物館となったが、こうした一連の動きの背景には、皇室財産の充実という問題があった。維新前の天皇家は決して裕福ではなく、大隈重信らはその財産形成を熱心にはからねばならなかった。明治十四年にはたった六三四町歩だった御料地が、明治二十三年には三六五万町歩まで膨れあがるほどに財産形成は急速に行なわれた。そうした中で皇室が学術・技芸の奨励者として博物館を司るという構想は、実は早くからあったらしい。そのプランを、西欧の王立博物館をモデルとして具体的に推し進めたのが図書頭だった九鬼隆一。文部省時代の部下・岡倉天心（一八六三〜一九一三）とコンビを組み、明治二十年代の文化政策を牛耳った。天心はなんと二十八歳で帝国博物館理事および美術部長に就任、翌年には東京美術学校長となった。この時代の博物館と美術学校の関係は、美術品の模作を美術学校に依頼したり、大観・春草ら美校卒業生の作品を博物館が買い上げたり、密接なものがあった。明治三十一年の〝美校騒動〟で天心が失脚した二

る。

◆**明治三十四年　1901**
前年のパリ万博出品古美術品による第一回特別展を開催。『稿本日本帝国美術略史』刊行。

◆**明治三十五年　1902**
この年から翌年にかけて農業・林業・漁業関係の列品を農商務省ほかに移管。年末・年始を除き年中開館とする。

◆**明治四十年　1907**
学習院と東京美術学校生徒を除き、官公立学校学生生徒の無料観覧を廃止。

◆**明治四十一年　1908**
博物館総長が正倉院の事務を統理。正倉院宝庫掛を設置。

◆**明治四十二年　1909**
皇太子（大正天皇）の成婚記念として、東宮御慶事奉祝会より献上の建物を表慶館と命名し開館。正倉院宝物の修理を開始。

◆**大正六年　1917**
森鷗外、総長に就任。

◆**大正七年　1918**
列品の時代呼称を定め、その陳列を時代順とする。

◆**大正十一年　1922**
列品中央台帳完成。当時の列品総数は約二五万点。

◆**大正十二年　1923**
関東大震災で旧本館、第二・第三号館が罹災、使用不可能に。翌年より現本館開館まで、表慶館のみで展示。

◆**大正十三年　1924**
皇太子（昭和天皇）の成婚記念として、上野公園・動物園を東京市に、京都帝室博物館を京都市に下賜。

雪舟　破墨山水図
明治38年、3500円で購入された

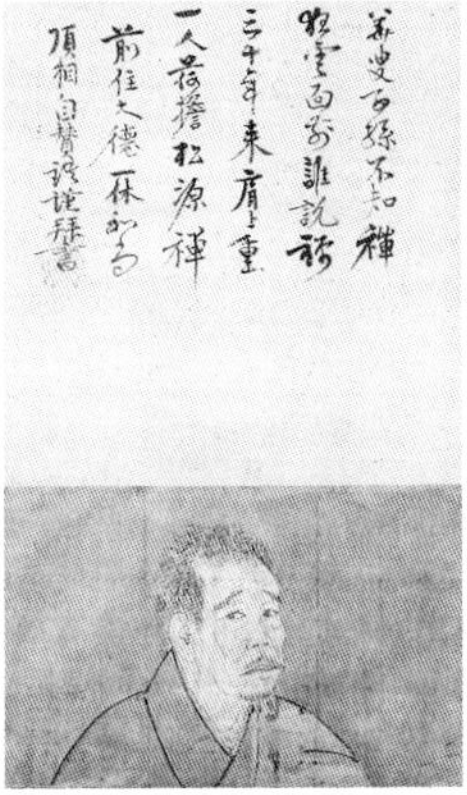

墨斎　一休和尚像
昭和17年、岳翁「山水図」などと岡崎正也氏から寄贈　これを機に、岡崎正也寄贈特別展が開かれた

年後、九鬼は総長を辞任した。

博物館総長 鷗外森林太郎

大正六年十二月二十五日、鷗外森林太郎（一八六二〜一九二二）は帝室博物館総長兼図書頭に就任、同十一年七月九日に逝去するまで、その任にあった。軍服を纏った鷗外は朝六時より上野公園のベンチに腰を下ろし、博物館開館の八時を待った。この間、サーベルを手に微動だにしない。総長室に入ってからは調べものにふけり、五時の閉館とともに帰宅の途に着く。昼にはつねに牛乳と薩摩芋を食した。これが博物館総長鷗外の日課であった。ただし森閑とした総長室に、赤ん坊を背負った夫人がヒステリーの態で駆け込んで来ることもあったという。

自らの発案による正倉院の諸楽器調査に立ち会った鷗外は、終始短刀を懐にし、宝物に毀損が加えられた場合はその者を刺す覚悟だったと伝えられる。しかし鷗外は謹厳ではあっても、けっして近寄りがたい人物ではなかった。「お医者もやれば小説も書く　森と林で木（気）の多い人」。当時の衛士がひねった俳句（?）には、この総長への親愛の情が込められている。

関東大震災と天産課の廃止

大正十二年九月一日正午、関東を直撃した大地震により東京の七割が灰燼に帰した。この日、就任の引き継ぎを終えたばかりの新総長大島義脩は

◆**大正十四年**　１９２５
天産部列品（自然科学関係）の文部省への譲渡が完了し、天産課を廃止する。
◆**昭和二年**　１９２７
徳川頼貞コレクション寄贈。
◆**昭和三年**　１９２８
『正倉院御物目録』刊行開始（昭和三十年まで）。
◆**昭和五年**　１９３０
復興博物館建築設計図案懸賞募集。応募総数二七三点。
◆**昭和八年**　１９３３
応挙館、宮内省に献納。昭和十一年に博物館裏庭に移築。
◆**昭和九年**　１９３４
九条館、宮内省に献納。昭和十一年に博物館裏庭に移築。
◆**昭和十三年**　１９３８
『日本帝国美術略史』刊行。昭和天皇即位大典を機に発足した帝室博物館復興翼賛会から献上の現本館が開館。
◆**昭和十五年**　１９４０
紀元二千六百年記念正倉院御物特別展開催。二十日間で四二万人が入場した。
◆**昭和十六年**　１９４１
戦禍から美術品を守るための分散移出についての協議会を開催。表慶館を近代絵画の陳列館とする。
◆**昭和十七年**　１９４２
南多摩郡に建造した疎開倉庫に貴重美術品の移送始まる。
◆**昭和十九年**　１９４４
宮内省より旧松方コレクション浮世絵版画を移管。

池大雅　楼閣山水図屏風（部分）
昭和19年、団伊能氏から寄贈

ただちに動物園（当時は博物館の管轄）に駆けつけたという。博物館旧本館入り口の崩壊を目の当たりにして、猛獣の脱走を心配したに違いない。

博物館では旧本館、第二号館、第三号館が使用不可能の打撃を受けたにもかかわらず、負傷者はなく、蔵品もわずかに八九件が破損したのみであった。展示室は即日施錠されたが、構内に逃げ込んだ被災者が廊下にあふれた。十日には博物館内に救助掛が設けられ、職員が宮内省から炊き出しのための米を運んだりもしたという。

翌十三年、上野公園と動物園を切り離した博物館は、表慶館での陳列を再開。また十四年には天産部列品（自然科学関係）の文部省東京博物館への移管を終了し、天産課が廃止された。これは直接には文部省東京博物館が震災で蔵品を焼失したためであるが、天産課の廃止は博物館年来の方針でもあった。はからずも大震災の被害によって、博物館は〝美術博物館〟への第一歩を踏みだしたことになる。

復興本館の建設と歴史課の廃止

復興本館の建設が進むのと並行して、博物館の組織にも変化があった。昭和九年には研究員制度を導入、復興開館に備えて要員の確保が図られた。研究員はほとんどが無給、手当が出たのは、二、三名だったらしい。もっとも館員の給料も安く、大学の同期生が八〇円ほどの初任給を貰っていたのに対して博物館では「わずか二五円」、それも身元調査で実家が金持ちだとわかると更に減らさ

◆**昭和二十年　１９４５**
戦時状況悪化のため、収蔵品の疎開と観覧の停止を決定。
◆**昭和二十一年　１９４６**
一部還送された美術品を陳列して観覧再開。総長に安倍能成就任。美術談話会（友の会の前身）が発足。
◆**昭和二十二年　１９４７**
宮内省より文部省に移管、国立博物館と改称。「国立博物館ニュース」創刊。
◆**昭和二十四年　１９４９**
年末・年始と月曜日を休館日と定める。
◆**昭和二十五年　１９５０**
文化財保護法の制定により、文化財保護委員会の所管に。
◆**昭和二十六年　１９５１**
国立博物館企画製作の映画第一作『美の殿堂』完成。国立博物館美術誌「ミュージアム」創刊。講和条約調印を機に、海外における日本美術展への出品協力再開。
◆**昭和二十七年　１９５２**
東京国立博物館と改称。創立八十周年記念事業を行なう。『東京国立博物館収蔵品目録』刊行開始。
◆**昭和二十八年　１９５３**
旧十輪院の校倉、重要文化財に指定。
◆**昭和二十九年　１９５４**
旧因州池田屋敷表門を移建。
◆**昭和三十年　１９５５**
考古品三六件をフランスのギメ博物館に寄贈。これは両館の間に蔵品交換の取り決めがなされたためで、ギメ側からは昭和三十二年に東洋美術品二二点が寄贈された。

長谷川等伯　松林図屏風
昭和22年、70万円で購入

大井戸茶碗　銘・有楽
昭和24年、数多くの美術品とともに松永安左エ門氏から寄贈された

れたという。ついで昭和十二年暮れには館の組織および列品区分の大改正が行なわれる。歴史課と美術課を統合して列品課とし、蔵品を絵画・書跡・彫刻・金工などに分類するというものだが、従来の美術課・美術工芸課の列品区分を主体として、歴史課の列品を分解吸収させる、実質的には「歴史課」の廃止であった。歴史課の研究員は書いている――「凡そ資料の文化史的価値を無視した分類に対して限りない憤りを覚えた」。実際、一揃いの馬具が鞍橋《くらぼね》は漆工、障泥《あおり》は染織などとバラバラになって保管されたり、貨幣や文書資料など倉庫に眠りつづけ陽の目を見ぬものもできてしまった。これ以降、復興翼賛会および宮内省の方針もあって、博物館は東洋古美術品の美術館に変身するのである。

　新館の規模は大きく、館蔵品だけでは満たせないほど展示スペースが広くなった。博物館では社寺からの寄託をスムーズに行なうために「帝室博物館社寺宝物受託規程」を定め（昭和十一年）、館員たちは出品要請のために全国各地を出張して歩いたという。開館陳列は一階に考古・染織・陶磁・彫刻、二階に絵画・書跡などの陳列区分で、それこそ全国から集められた名品が並んだ。一八〇〇点、うち約半数が外部からの出品だった。

戦前の最多動員「正倉院展」

　昭和十五年、「紀元二千六百年」を記念して正倉院展が開かれた。北倉所蔵の第一級品を除き、また破損の心配のないものに限定しての展示だっ

◆**昭和三十一年**　**1956**
表慶館を考古関係の陳列館とする。
◆**昭和三十四年**　**1959**
春草廬（二十三年に寄付された柳瀬荘の一部）を裏庭に移築。
◆**昭和三十六年**　**1961**
ルーヴルを中心とするフランス美術展開催、入場者七二万人。
◆**昭和三十七年**　**1962**
創立九十周年記念事業、法隆寺宝物館竣工式を行なう。
◆**昭和三十八年**　**1963**
茶室転合庵を裏庭に移築。
◆**昭和三十九年**　**1964**
法隆寺宝物館開館。黒田清輝「舞妓図」、青木繁「日本武尊」などを東京国立近代美術館より管理替え。
◆**昭和四十年**　**1965**
ツタンカーメン展開催、入場者一二九万七千余人。
◆**昭和四十一年**　**1966**
「東京国立博物館紀要」第一号刊行。前年、日韓条約締結の際に結ばれた協定により、韓国への引き渡しが決まった文化財（陶磁器など約三〇〇点）を外務省へ移管。
◆**昭和四十二年**　**1967**
文化財保護委員会より大谷探検隊将来品を管理替え。
◆**昭和四十三年**　**1968**
文化庁発足により、同庁に移管。東洋館開館。
◆**昭和四十七年**　**1972**
創立百周年記念事業を行なう。
◆**昭和四十八年**　**1973**
北倉庫竣工。

樹下人物図　アスターナ墳墓出土
昭和26年、200万円で購入

古今和歌集（元永本）
全巻揃いの古今集写本としては最古のもの
昭和45年、三井高大氏寄贈

たが、正倉院宝物の初の一般公開とあって、二十日間の入場者は四一万七三六一人。長蛇の列が西郷像のあたりまで続き、正門鉄扉の閂《かんぬき》の鉄棒が群衆に押されて折れたり、展示ケースが軋むほどの混雑で陳列室を一時閉鎖したりと、たいへんな盛況ぶりであった。

国立博物館へ

太平洋戦争による博物館の休館は、昭和二十年三月からちょうど一年。翌二十一年三月二十四日には疎開から帰ってきた美術品を陳列して早くも開館している。二十二年五月三日、新憲法施行の日に博物館は国に移管され「国立博物館」となった。あわせて思いきった改組が行なわれ、奈良帝室博物館を国立博物館奈良分館とし、さらに文部省の国宝調査室、国宝保存修理室、美術研究所を合併した大組織となる。

移管直後に開かれた戦後初の特別展は「刀剣美術特別展」。ちょっと意外な気がするが、占領下でいちばん問題になった美術品が刀剣であった。日本が受諾したポツダム宣言によれば日本刀は連合軍に引き渡さねばならないのだが、それでは美術的・歴史的に価値の高い刀まで失われてしまう。日本刀助命の運動がGHQにも認められた、その記念の展覧会である。この時期の博物館は子供のための文化史展シリーズ（昭和二十七年まで）の企画や少年少女のためのサマー・スクールの開催、広報紙「国立博物館ニュース」の創刊など普及・教育活動の面でも充実をみせる一方、「松林

◆**昭和四十九年**　1974
モナ・リザ展開催、入場者は過去最高の一五一万人。
◆**昭和五十三年**　1978
表慶館と黄林閣（柳瀬荘の主屋）、重要文化財に指定。
◆**昭和五十六年**　1981
小倉コレクション寄贈。
◆**昭和五十九年**　1984
資料館開館。
◆**平成四年**　1992
創立百二十周年記念事業を行なう。
◆**平成十一年**　1999
法隆寺宝物館新築開館。
平成館開館。考古関係の展示が同館に移り、表慶館は特別展示会場となる。
◆**平成十三年**　2001
本館、重要文化財に指定。
東京国立博物館、京都国立博物館、奈良国立博物館の三館が統合し、独立行政法人国立博物館が設立される。
◆**平成十五年**　2003
本館二階の展示を日本美術が一望できる時代別展示に模様替え。
◆**平成十六年**　2004
本館を「日本ギャラリー」とし、全面的にリニューアル、グランド・オープン。

参考………
東京国立博物館編『東京国立博物館百年史』『博物館ノ思出』ほか

ツタンカーメン展（昭和40年）　庭を蛇行し、門外に出て延々と館を取り巻く長蛇の列　入場者数129万7718人は、モナ・リザ展（昭和49年、151万人余）まで破られなかった最多動員記録

図」「餓鬼草紙」「賢愚経」などの名品が数多く館蔵になりもした。

昭和二十五年、文化財保護委員会の発足とともに国立博物館はその付属機関となり、二十七年には「東京国立博物館」と改称する。同じ年、京都市に下賜されていた（大正十三年）恩賜京都博物館が京都国立博物館となり、東京国立博物館奈良分館が奈良国立博物館として独立している。

独立行政法人国立博物館へ

国の行政改革の一環として平成十一年七月に独立行政法人通則法が成立、平成十三年四月一日、東京、京都、奈良の国立博物館三館が統合され、一つの「独立行政法人国立博物館」となった。同時に国有であった所蔵品も、独立行政法人国立博物館に移動、職員も間もなく国家公務員からはなれる予定。独立行政法人として、従来の研究機関的な存在としてよりは、社会教育的な存在として経営努力が求められるようになり、学校教育との連携、生涯学習の中での教育プログラムの多様化にそう講演・講座の拡大、情報の発信などが行なわれるようになると同時に、法人会員の募集、音楽会、企業のパーティなどにも会場を提供するようになった。二十一世紀の博物館として、社会の中でどのように機能していくかを問われているのが現在で、五年毎に見直しが行なわれ、刷新されていく予定。

第三部

こんなに奥が深い東京国立博物館の内側

一〇万件を超える博物館の所蔵品は、かつてはジャンル別に学芸部各室、資料部が管理していたが、組織が改められた現在は列品課が一括管理している。彫刻、絵画など各コレクションにはどんな名品・珍品があるのか、また博物館を支える裏方の活動ぶりは……

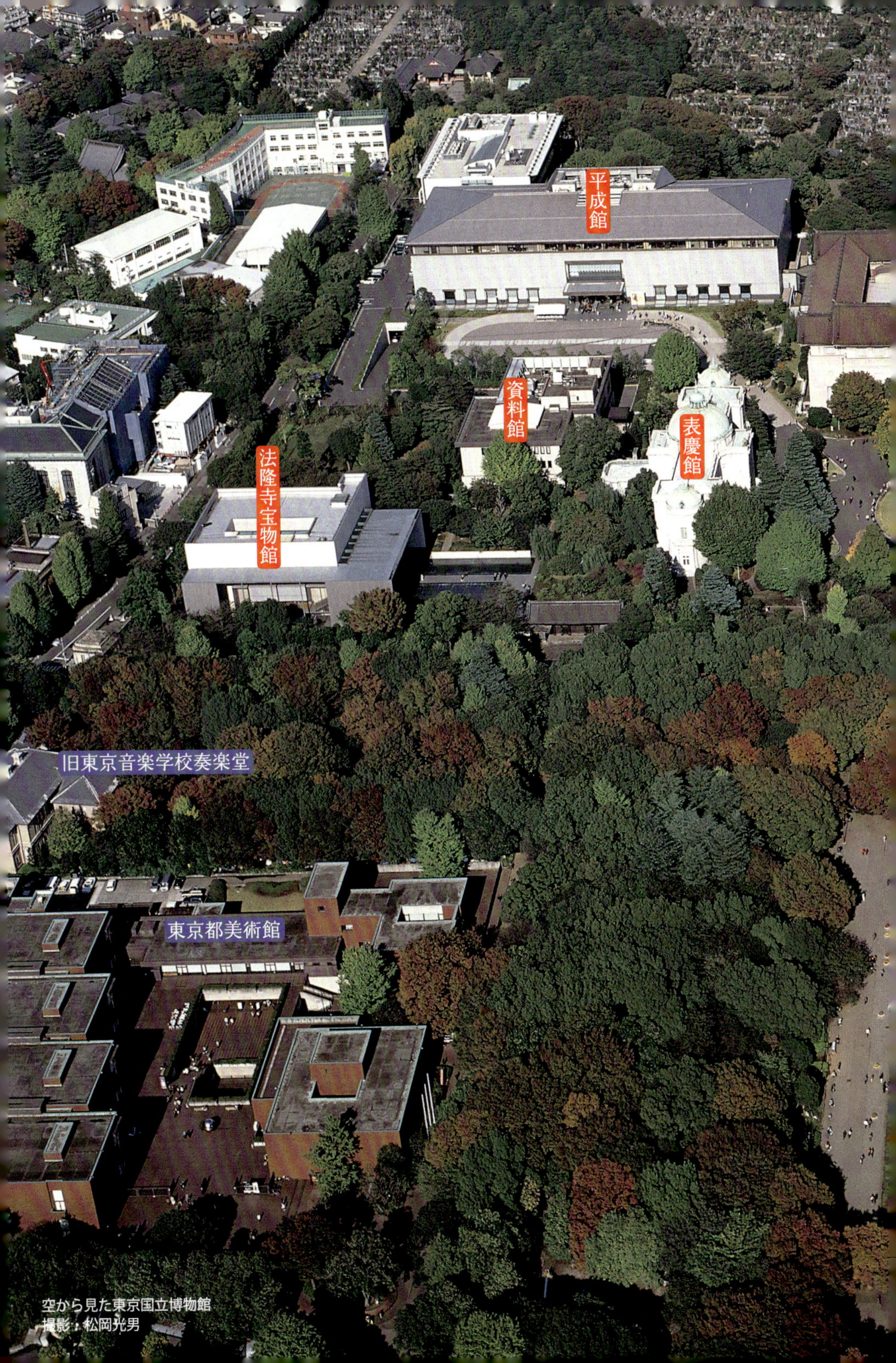

空から見た東京国立博物館
撮影：松岡光男

彫刻

彫刻の収蔵品の中で最古の作品
菩薩立像　飛鳥　木造彩色　高93・7

日本の彫刻作品といえば、その中心を占めるのが仏像。しかし仏像は礼拝の対象として寺に祀られる形が本来の姿であるため、法隆寺宝物館のものを除いて東博の彫刻コレクションの仏像は必ずしも多くない。そこで各地の寺から一定期間仏像を寄託してもらって展示するという方式がとられている。展示の目玉となるような質の高い仏像をどう集めるかが、彫刻の三カ月ごとの陳列替えでの最大の悩みだ。

そうはいっても、旧高山寺蔵の日光菩薩坐像（重文　奈良時代。本尊の薬師如来像は高山寺に、月光菩薩像は東京芸術大学大学美術館にある）や伝浄瑠璃寺旧蔵の十二神将像四軀（重文

彫刻コレクションの仮面のうち、舞楽面、
行道面の多くは和歌山県の天野社旧蔵品
行道面夜叉天　鎌倉　木造彩色　20.6×18.8

鎌倉時代）、康円作の四天王眷属《けんぞく》像二軀（重文　鎌倉時代）、エキゾチックなインド風の面貌で知られる白檀製の十一面観音立像（重文　唐時代）や、飛鳥時代の素朴な菩薩立像（東博の彫刻コレクション最古の作品）などがあるし、肖像彫刻では伝源頼朝坐像（重文　鎌倉時代）もよく知られている。

また無著・世親像など名品の模造の制作も博物館発足の初期から、岡倉天心の主導で熱心に進められた。明治の一流彫刻家の手になる模造作品はあまり知られていないが、高村光雲の「老猿」などの近代彫刻の名品とともに見逃せないポイントである。

また能面、舞楽面などの仮面類や明治以降の近代彫刻黎明期の優品も数々ある。

竹内久一　模造　無著像　明治24年（一八九一）　高203・3

能面に関しては、金春家系統の諦楽舎と、
山形の上杉家から入ったものが中心を占めている
能面般若（諦楽舎旧蔵）　江戸　木造彩色
21.5×16.7

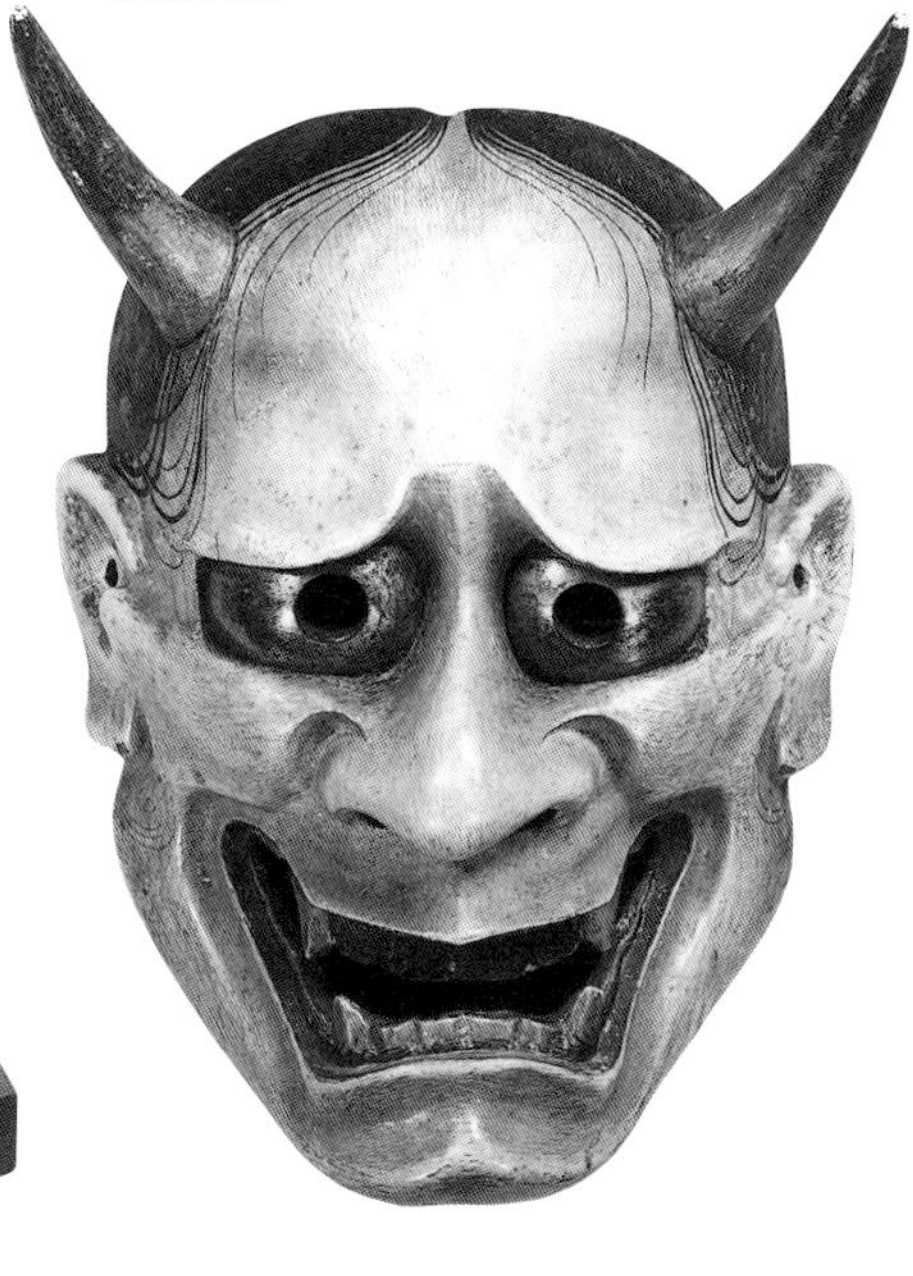

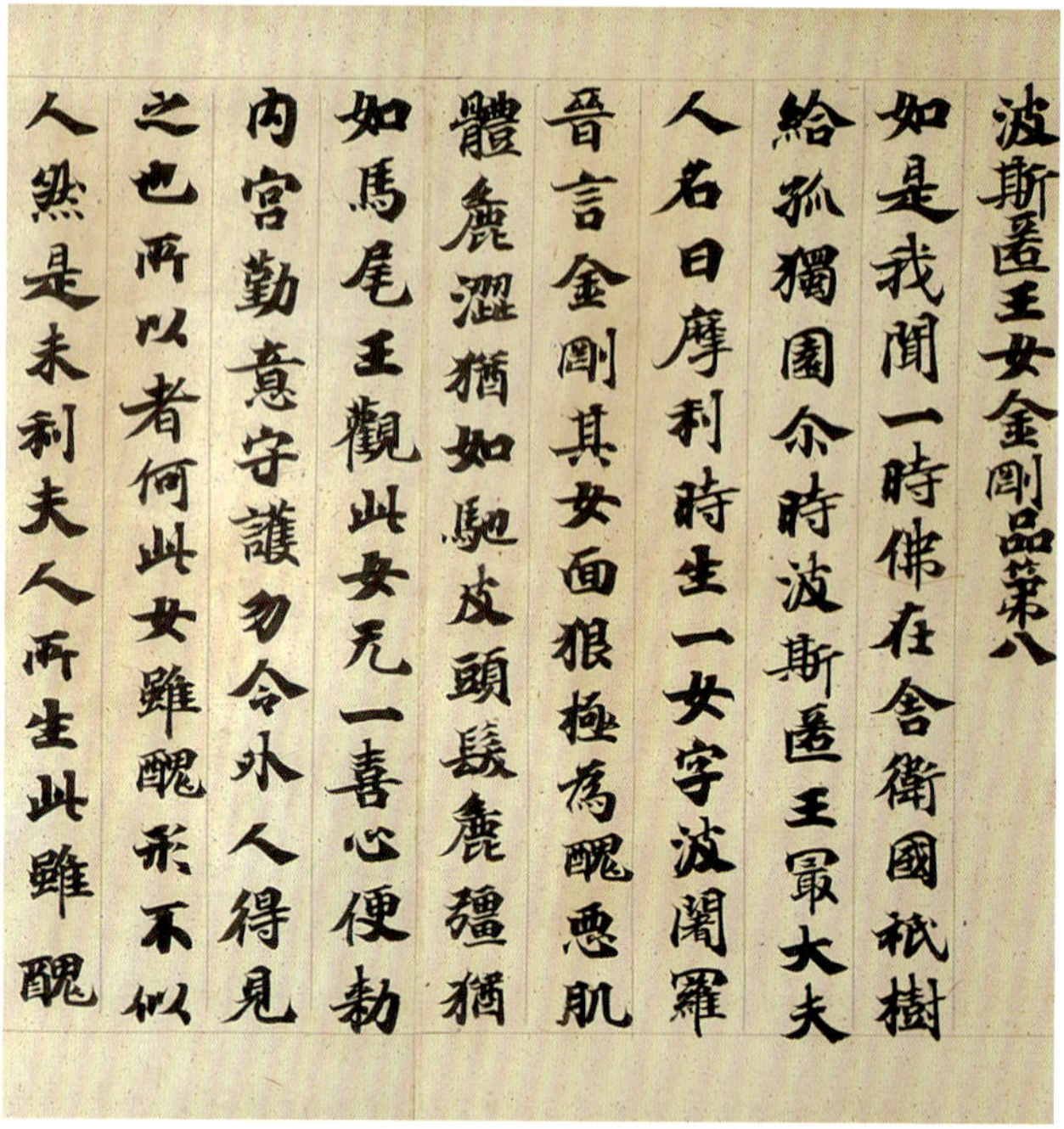
波斯匿王女金剛品第八
如是我聞一時佛在舍衛國祇樹
給孤獨園尒時波斯匿王最大夫
人名曰摩利時生一女字波闍羅
晉言金剛其女面狠極為醜悪肌
體麁澀猶如駝皮頭髮麁彊猶
如馬尾王觀此女无一喜心便勅
内宮勤意守護勿令外人得見
之也所以者何此女雖醜我不似
人然是末利夫人所生此雖醜

賢愚経残巻（大聖武）　奈良（8世紀）
紙本墨書　25.7×696.9

堂々たる「大聖武」

東大寺戒壇院に伝来したといわれるこの書は聖武天皇筆と伝えられ「大聖武」との異名を持つ。

出世をねだった歌人・定家の書

歌人として知られる藤原定家はまた、宮仕えの辛酸を嘗《な》めたサラリーマンでもあった。これは彼が上司に出した〝昇進嘆願状〟である。二十八歳で左近衛権少将に就任して以来、十三年も昇進を棚上げされていた彼の憤懣やるかたない心情が赤裸々に書かれている。因みにこの書状が効いたのか、同年、左近衛権中将に昇任した。

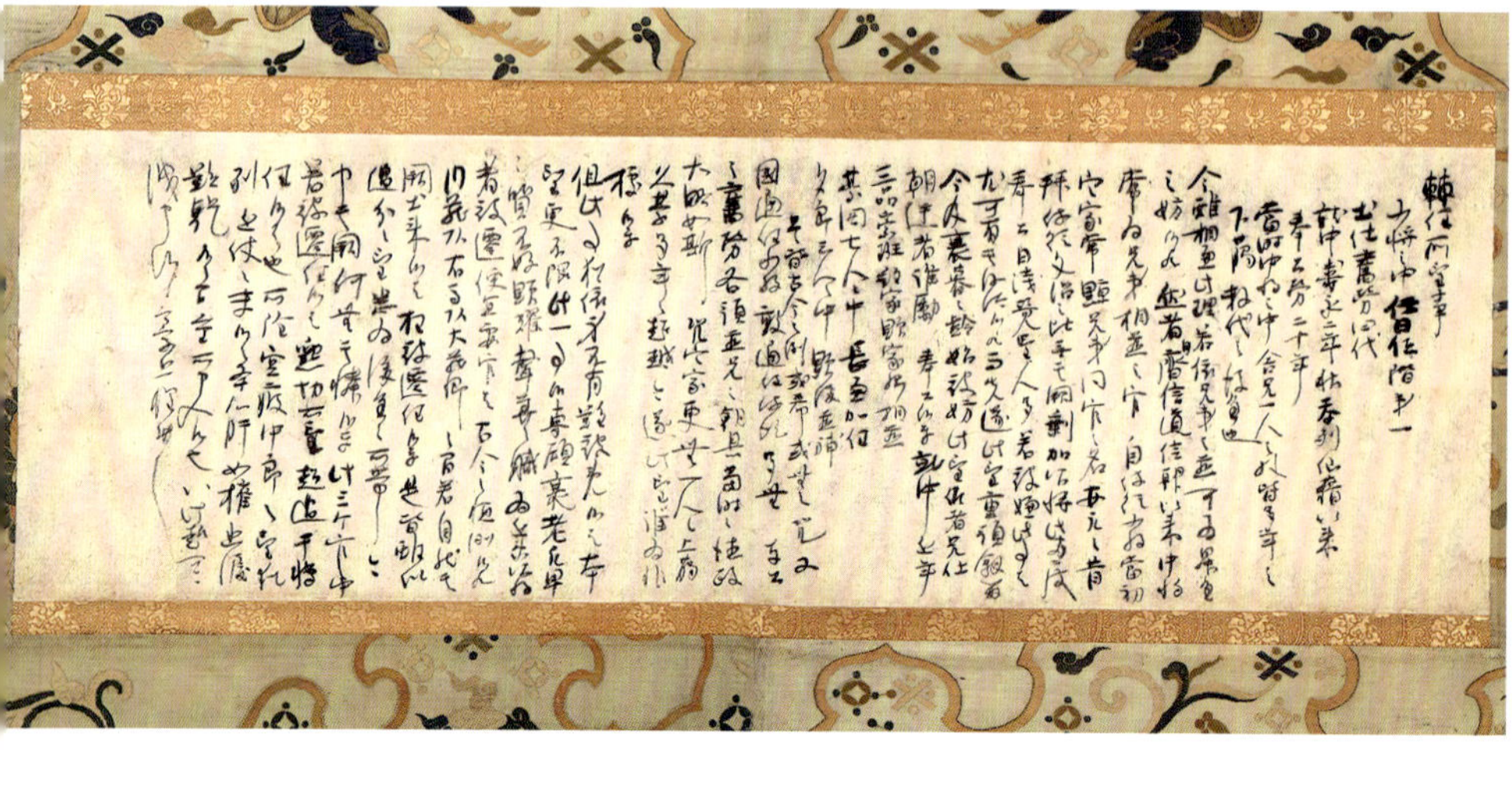

申文　藤原定家筆　鎌倉（建仁2年［1202］）
紙本墨書　24.3×97.4

珍しく揃った三色紙

古筆の冊子本の一、二頁分を軸装したものは桃山、江戸期になって茶人の間でもてはやされたが、中でも特に珍重されるのが「寸松庵色紙」「継色紙」「升色紙」の三色紙。この三種をそろえているのは極めて珍しい。

［右］升色紙　伝藤原行成筆　平安（11世紀）
紙本墨書　13.7×11.8
［左］寸松庵色紙　伝紀貫之筆　平安（11世紀）
彩箋墨書　12.5×11.8

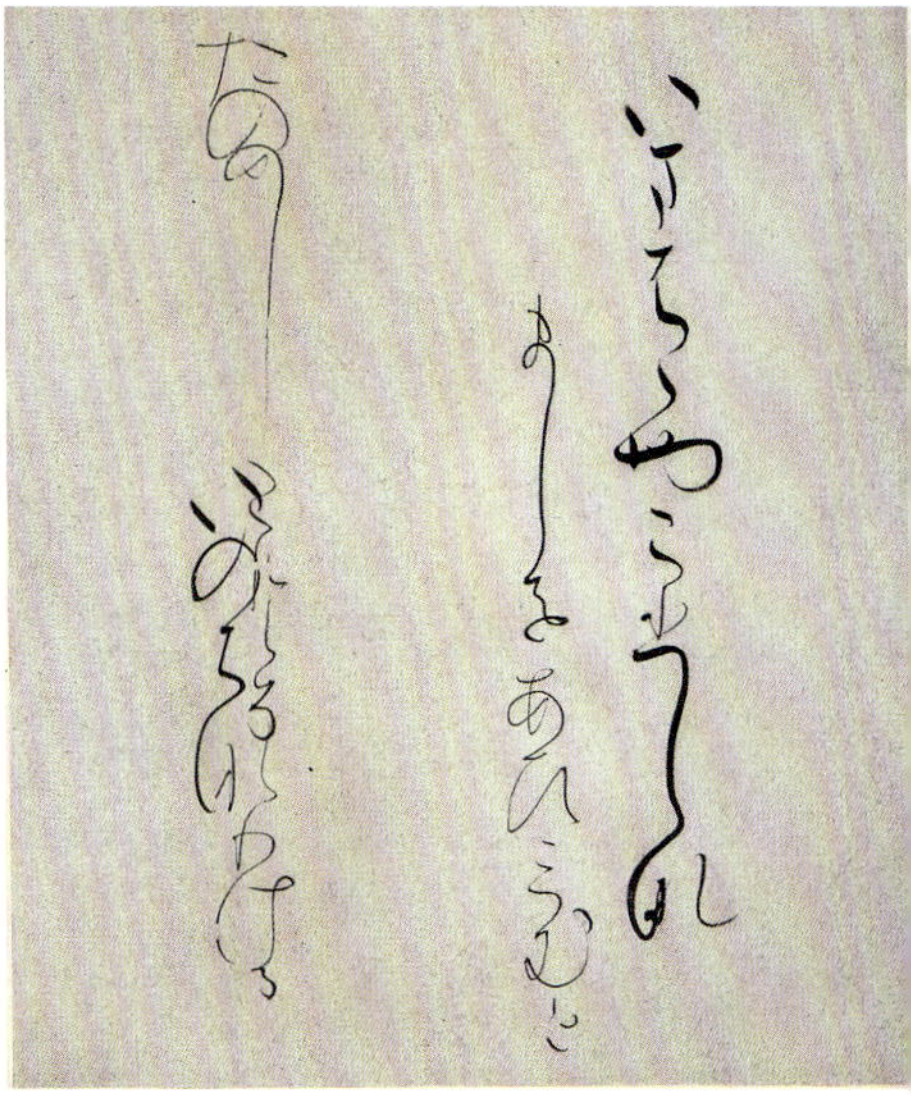

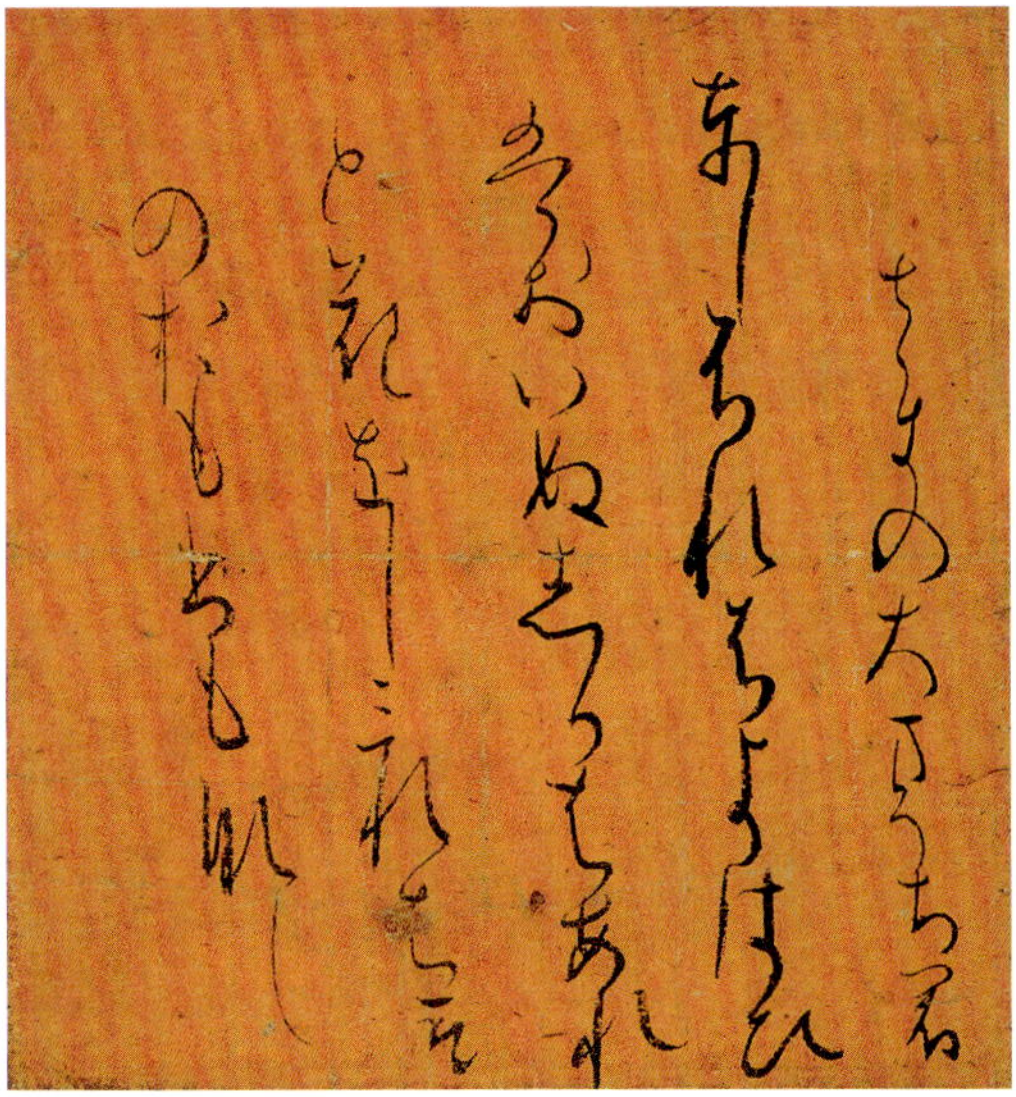

継色紙　伝小野道風筆　平安（10〜11世紀）　彩箋墨書　13.2×26.6

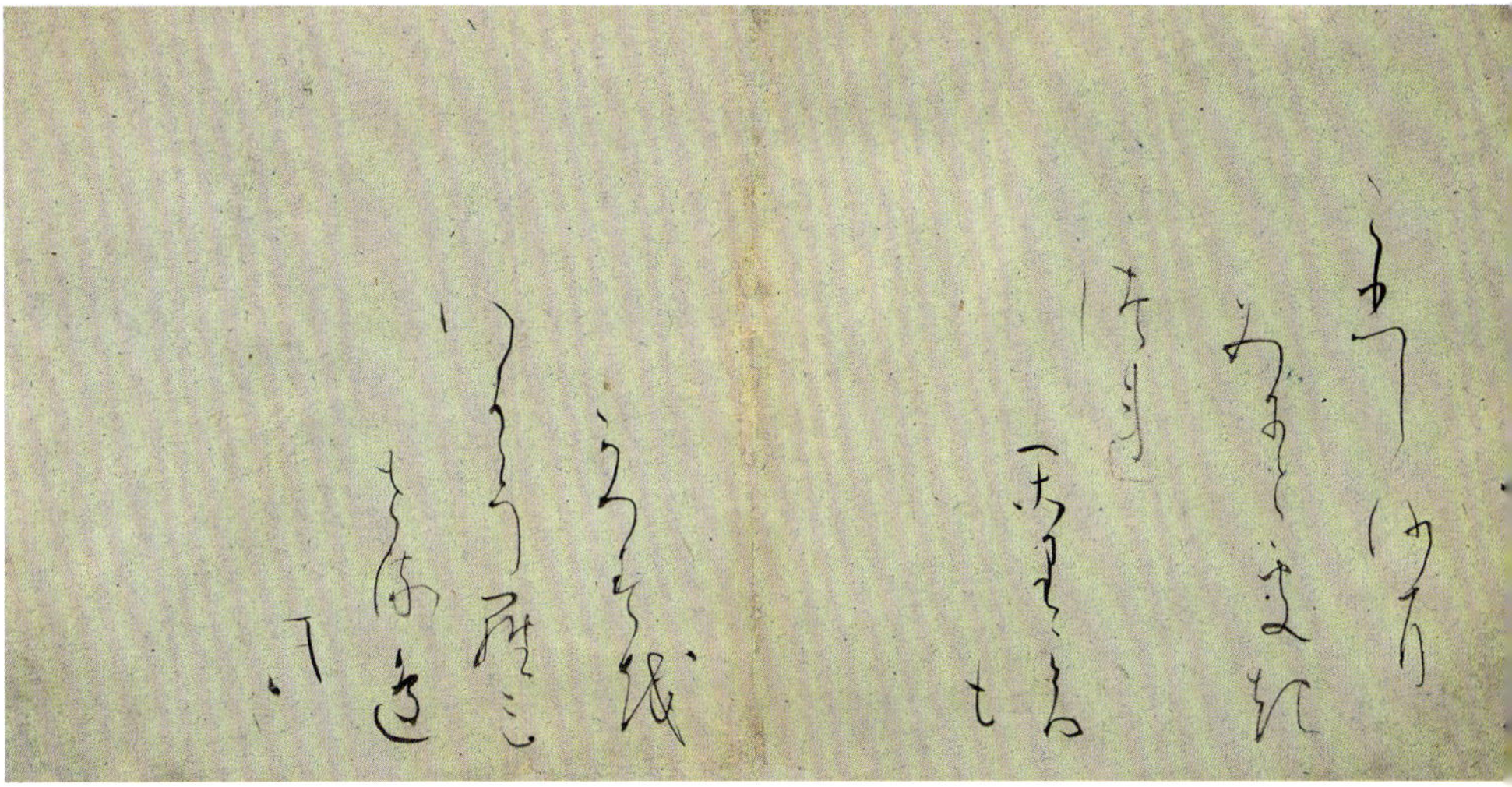

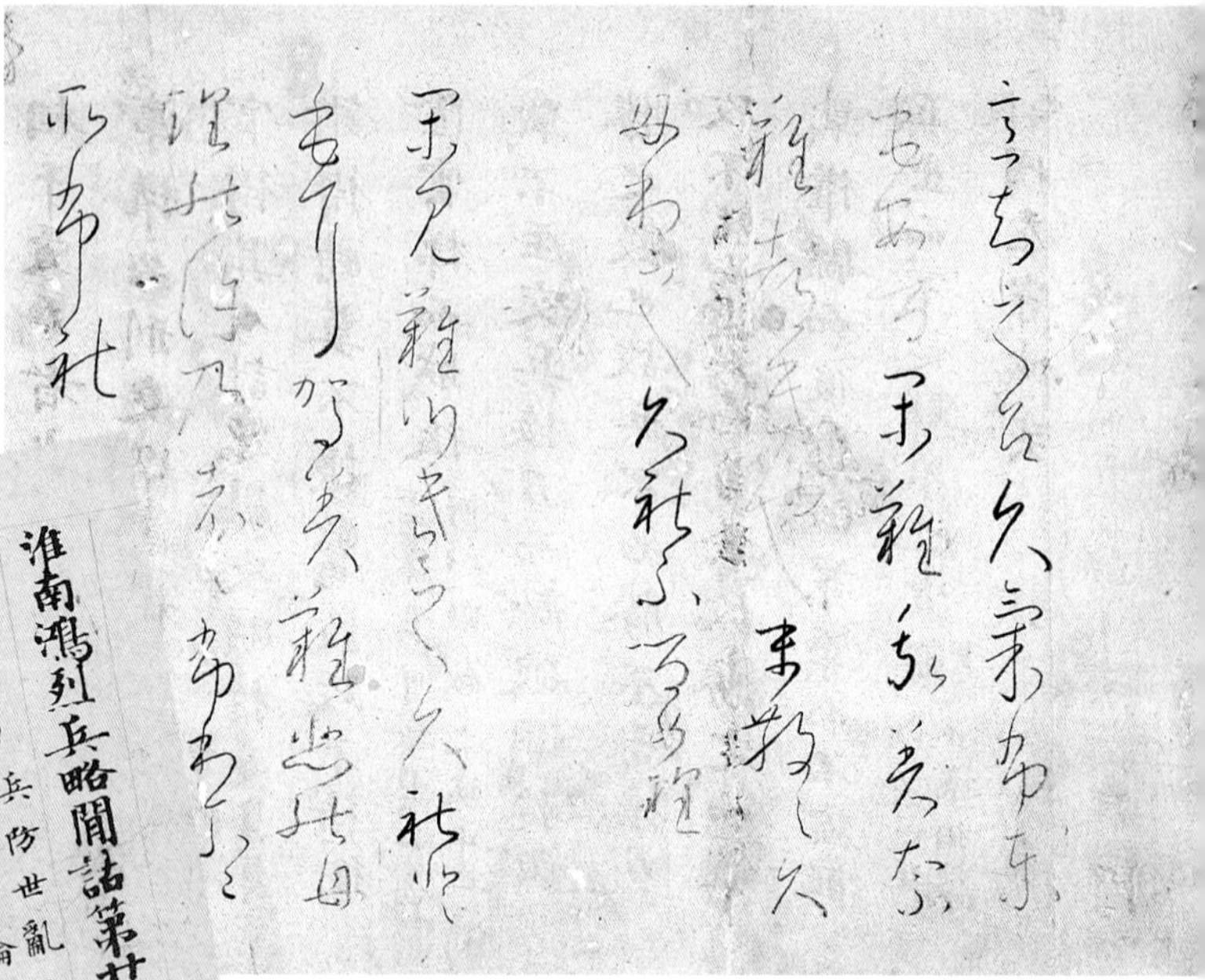

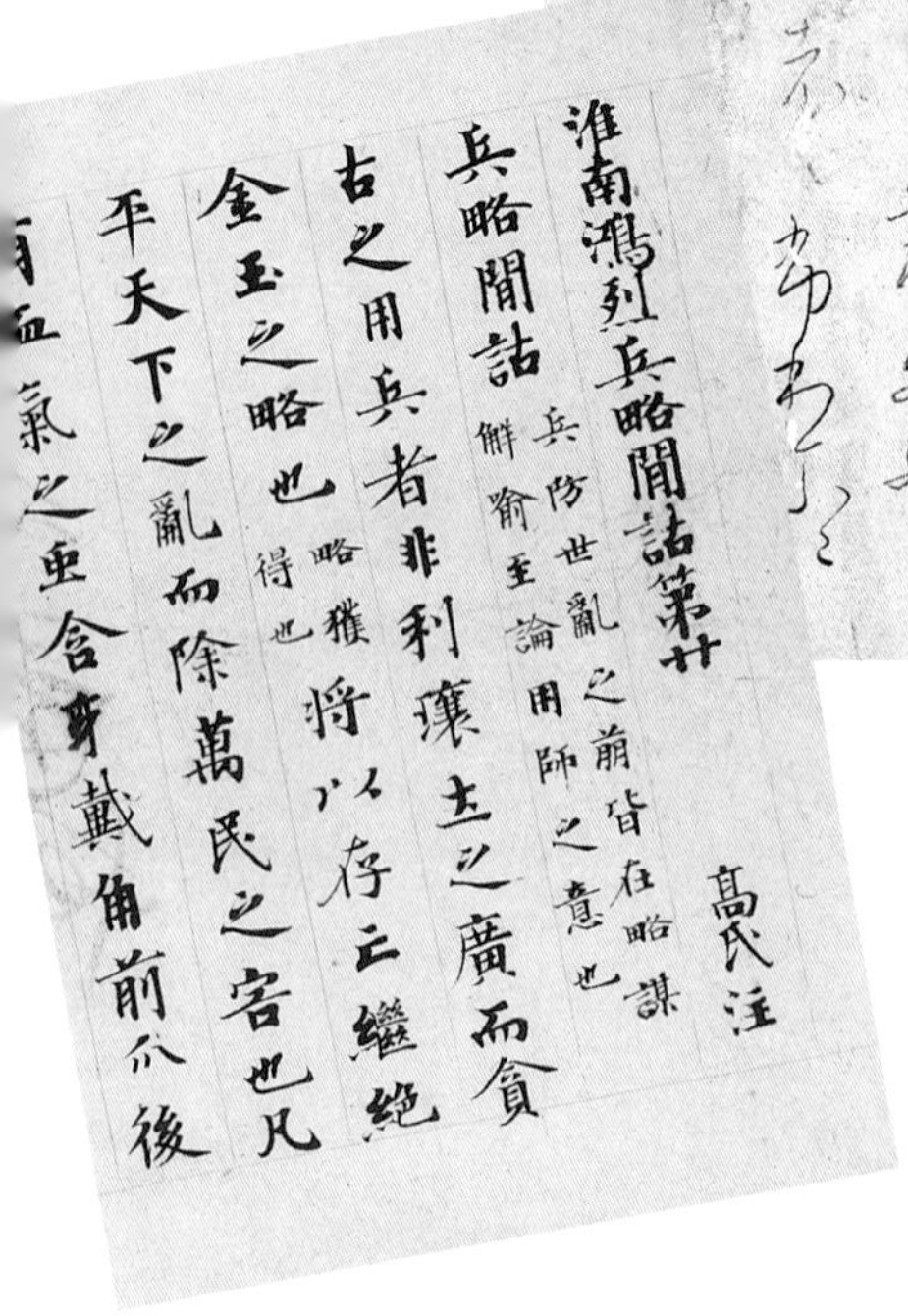
淮南鴻烈兵略閒詁第廿　高氏注
兵略閒詁 兵防世亂之萌皆在略謀 觧喩至論用師之意也
古之用兵者非利壤土之廣而貪
金玉之略也 略猶得也 將以存亡繼絶
平天下之亂而除萬民之害也凡
有血氣之虫含牙戴角前爪後

秋萩帖　平安（10世紀）
紙本墨書　24・0×842・4
紙背／淮南子（淮南鴻烈兵略間詁第廿）　唐［下］

紙の裏が貴重な文化財

小野道風筆とも伝えられ、国宝に指定されている「秋萩帖」は、貴重な紙を節約したのか中国の典籍「淮南子」の裏面を利用して書かれている。

書跡コレクションでは飛鳥時代から近代に到るまでの日本の書を蒐集の対象としている。書跡は、そこに書かれた内容を重視するみかたと、書そのものの美しさを芸術作品としてとらえるみかたとがあるが、東博では後者に重点を置いているということができよう。中でも、漢字が草仮名になり、女手とよばれる今日の平仮名の原型が形成された平安朝の、和様の書の変遷をたどる上で、資料的価値の高い作品群が充実している。とはいえ、単に美術的に鑑賞しているだけではなく、当然、これらの資料を読みこなしているわけで、こうした資料を通じて歴史上の人々の声を聞くことができるあたりが、書跡の醍醐味といえそうだ。

さて、平安朝の古筆、殊に桃山時代以降に茶掛けとして軸装された作品には「伝紀貫之」「伝小野道風」といった類の「伝」のつくものがしばしば見られる。前頁の「寸松庵色紙《すんしょうあんしきし》」にしても、書風や使われている料紙から、学術的には貫之よりも百年以上後の世の作と鑑定されているにもかかわらず、古来貫之筆と伝承され、近世の〝古筆家〟と呼ばれる鑑定家もこれを踏襲した〝極札《きわめふだ》〟を付けたことによって、「伝某」との由緒が今日なお幅をきかせているのである。

絵画

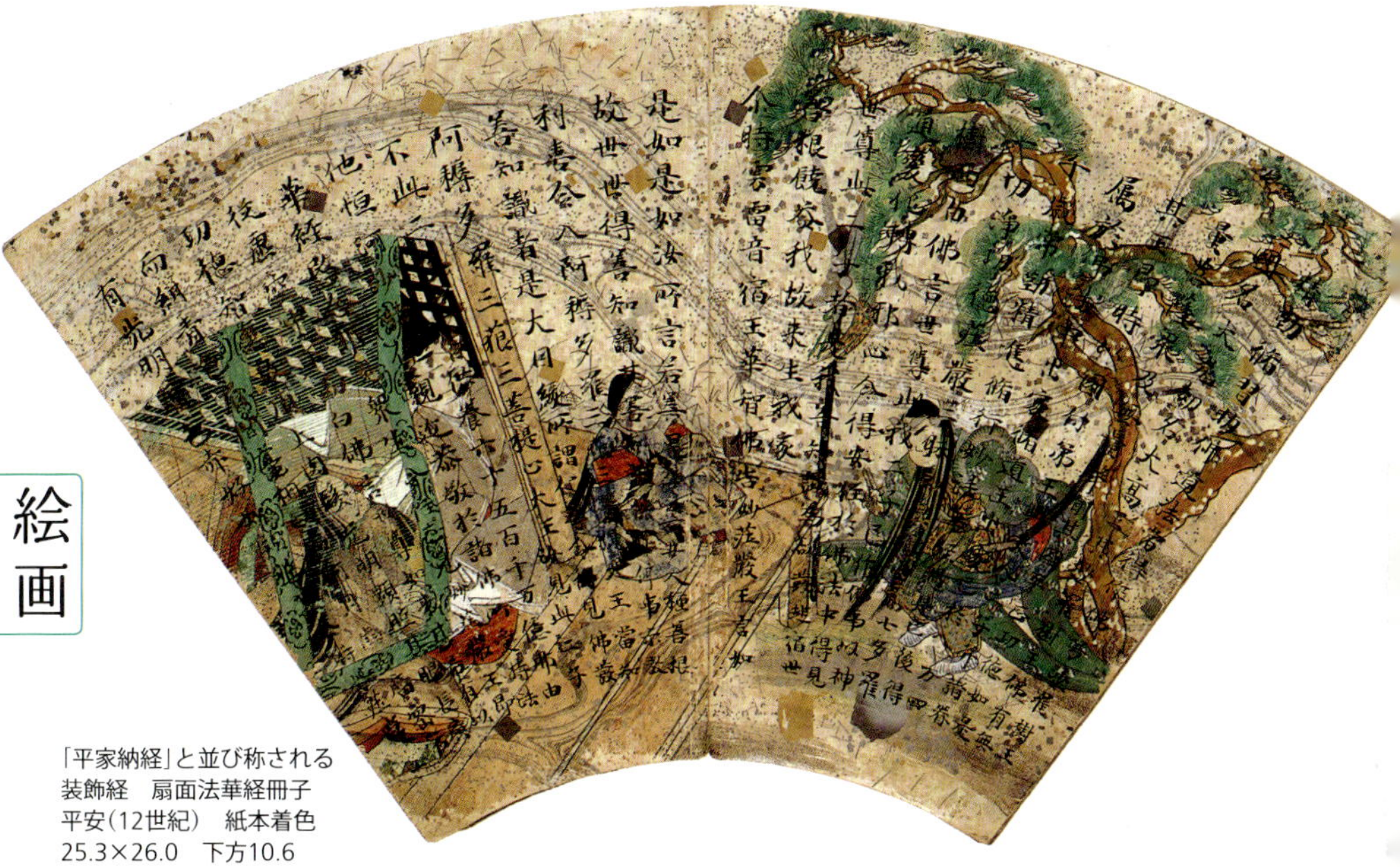

「平家納経」と並び称される
装飾経　扇面法華経冊子
平安（12世紀）　紙本着色
25.3×26.0　下方10.6

［右］禅宗以前の数少ない羅漢図　十六羅漢像の内　平安（12世紀）　絹本着色　各96.3×52.4
［左］大和絵と近世風俗画とを繋ぐ　月次風俗図屏風（第8扇）　室町（16世紀）
八曲一隻　紙本着色　各縦61.1〜61.8　横40.0〜42.4

迫真の表現力によって地獄の恐怖が描かれる
地獄草紙　平安（12世紀）　紙本着色　26・9×249・3

博物館のなかでも、とりわけ〝名品〟をとり揃えているのが日本絵画コレクションだ。たとえば、館蔵の国宝九一件のうち、実に二一件が日本絵画である。日本絵画の列品台帳の一番に記される「普賢菩薩像」（明治十一年購入）など、博物館草創期に収蔵されたものもある一方で、第二次大戦直後の混乱期に入手した名品も少なくない。昭和二十二、三年の購入品の中には、「虚空蔵菩薩像」、「餓鬼草紙」、長谷川等伯「松林図屏風」、横山大観「瀟湘八景」など、今日の収蔵品の中心をなす作品が目白押しである。旧華族らが美術品をこぞって売りに出したこの頃、当時としては巨額の一六〇〇万円近い予算を美術品の購入にあてることができたことは、特に日本絵画コレクションにとって幸いだった。また絵画は比較的傷みやすいために、六週毎のペースで陳列替えを行なっている。近年増

えた地方美術館・博物館への作品貸出、研究者の閲覧や出版社の取材に関する要請も多い。

鎌倉時代の数ある絵巻の中でも群衆表現に異彩を放つ
平治物語絵詞(六波羅行幸巻)　鎌倉(13世紀)　紙本着色　42.4×953.3

[左]わが国の肖像画史上に
不滅の光を放つ
渡辺崋山　鷹見泉石像
江戸(1837)
絹本着色　115.1×57.2
[下]桃山の金碧障壁画の代表作
狩野永徳　檜図屛風
安土桃山(16世紀)
八曲一隻　紙本金地着色
170.3×460.5

意外に充実　近代洋画

岸田劉生の名画「麗子微笑」が東京国立博物館の所蔵品だと聞いて、エッと思う人も少なくないだろう。東博は決して〝古美術〟だけを扱ってきたのではない。五姓田義松、黒田清輝、原撫松、和田英作、そしてフェノロサ作と伝えられる絵まで、多数の近代洋画を管理している。たとえば、「鮭」で有名な高橋由一だけでも、一三〇景におよぶ石版画集「東北地方風景」をはじめ、「長良川鵜飼図」「酢川にかかる常磐橋」など十数点を収蔵。掲載したのは、その中でもあまり紹介されない珍しい作品である。昭和二十七年に東京国立近代美術館が開館した後も、第一回文展が開催された明治四十年を境界線として、それ以前の近代美術は、博物館で収蔵することになった。この取り決めに従って、昭和三十九年には、青木繁の「日本武尊」や黒田清輝「舞妓図」といった名画が、近代美術館から東博へ管理替えとなっている。しかし、劉生の麗子像のように大正に描かれた名作で、いまだに東博に収蔵されているものも多い。昭和五十九年には、浅井忠の作品を蒐集した高野コレクション七三点が寄贈されて、博物館の近代洋画コレクションの幅が一層広がった。

高橋由一　酢川にかかる常磐橋　1881～82(明治14～15)　油彩、カンヴァス　104.3×151.6

［上右］岸田劉生　麗子微笑（青果持テル）　1921（大正10）　油彩、カンヴァス　45.5×38.0
［上左］青木繁　日本武尊　1906（明治39）　油彩、カンヴァス　71.3×38.1
［下右］高橋由一　捕象図　絹本墨画　99.4×61.8
［下左］高橋由一（?）　牧羊図　油彩、カンヴァス　70.3×88.5

侮れない量と質
模写と資料絵画

絵画コレクションには、何と一万点にも及ぶ膨大な数の〝模本（模写）〟が収蔵されている。菱田春草による醍醐寺・普賢延命像の模写なども含んではいるが、その大半は、かつて江戸の狩野家（木挽町狩野）が所蔵していた模本類である。「探幽縮図」と同様に山水花鳥画の名品を描き写して絵巻とした「常信縮図」や、すでにオリジナルが存在しない土佐光信の「洛中洛外図」の模本などは、一級の資料。この他、新井白石が描かせた地図類、「幕末江戸市中騒動記」「長崎図」など、多様な性格の絵画資料をも管理している。ただ、展示では鑑賞性を重視するため、

狩野常信　常信縮図より　江戸(17～18世紀)　紙本着色

川原慶賀　樺太風俗図（下、右頁２点とも）
江戸　紙本（洋紙）着色　各29・5×42・8

こうした模本・資料類が陽の目をみることは、ほとんどなかったが、今後は特集陳列という形で展示していく予定だという。川原慶賀の「樺太風俗図」などは、アイヌ資料での展示機会もある。ちなみに、性愛の場面を描いた〝春画〟の祖ともいうべき室町時代の絵巻「小《こ》柴垣《しばがき》草紙」も収蔵するが、展観されたことはない。

膨大な浮世絵蒐集の核
松方コレクション

博物館の浮世絵が「漆工区」から「絵画区」に移管され一人前の絵画として扱われるようになったのは、昭和十二年のこと。その蒐集を質、量ともに一気に充実させたのが、昭和十九年に宮内省から移管された「松方コレクション」七九九六点（実数八二〇四枚）だった。これは、もともとパリの宝石商アンリ・ヴェヴェルが四十年がかりで蒐集したもので、初期から大正時代までのあらゆる流派・絵師を含み、浮世絵の個人蒐集としては世界一と言われた。大正八年、その一部が売りに出るという噂を耳にした松方幸次郎が、一括購入した。一時、この蒐集は十五銀行の管理するところとなったが、のちに皇室に献上され、宮内省が保管していた。歌麿、写楽や初代豊国より後が手薄で、風景画も一部の名品を欠くが、写楽の役者大首絵は二八種中二七種を収め、重要文化財の歌麿「婦人相学十躰・浮気之相」は指定品とほぼ同じ保存状態の図がもう一枚、さらに後摺りの同図が一枚あるなど、貴重なコレクションだ。博物館では、その後、広重「東海道五拾三次」、北斎「冨嶽三十六景」などを購入、旧松方コレクションを核に一万五〇〇〇点を擁する大コレクションを形成している。

喜多川歌麿　婦人相学十躰・浮気之相　寛政4～5年（1792～93）頃　大判錦絵

鳥居清倍　市川団十郎の竹抜き五郎
大々判　丹絵

歌川国芳　金魚づくし(3点とも)
竪大判

加藤清正所用の片鎌槍　無銘　安土桃山　刃長32・7

清正が虎退治に使った槍？

天正十一年（一五八三）の賤ヶ岳の戦いで〝賤ヶ岳の七本槍〟の一人に数えられた加藤清正は槍の名手として名高いが、その清正が朝鮮出兵（文禄の役）の際に使用したといわれるのがこの片鎌槍《かたかまやり》。虎退治のときに片側の枝部分が折れたと伝えられるが、片側の枝部分が短いのが片鎌槍の本来の形である。この手の槍は、清正に限らず当時多くの武人たちに使用された。

早縄掛様雛形　江戸　紙、糸　各縦6～8

メンコのような縛り方見本人形

犯人を捕らえたら縛るというのが、江戸時代の警務にあたった町方同心の心得であった。そこで彼らが、いかに手際よく縄を掛けるか工夫を凝らしたのが捕《とり》縄《なわ》の術である。この雛形《ひながた》もそのための一種の見本として作られたものだろう。

戦後、宮内省から博物館に移管された約四〇〇振の刀剣に、従来からの館蔵品を加えて金工室から刀剣室が独立したのが武器・武具コレクションのはじまり。その後、昭和四十二年に甲冑その他の武器・武具が加わった。現在の収蔵品件数は約三四〇〇件弱。そのうちもっとも多いのが刀剣で、約五〇〇件を占める。これら名物ものの刀剣や大鎧、胴丸などの甲冑は、つねに「武士の装い」展示の中心として目を引くが、武器・武具のなかには、当然とはいえ、熊手とか十手、手裏剣、鉄棒など、捕物帖や忍者小説でお馴染みのものも含まれていて、美術品鑑賞とはちょっと異なった面白さがある。

そうしたなかで、まさに珍品といえるのが、「彰義隊戦争遺物」と記された長さ二〇センチほどの砲弾。維新時、官軍に抵抗して上野の山に立て籠もった彰義隊にむけて、湯島から撃たれた官軍砲兵隊の砲弾である。杉の大木にめりこんでいたらしいが、

上野の森に撃ち込まれた砲弾

明治元年、官軍に抗して上野に立て籠った彰義隊に対し、当時最新鋭の砲で攻撃した官軍はこれを一日で壊滅させた。そのとき杉の大木に撃ち込まれた砲弾が、明治四十一年、伐採した際に発見され、杉材ごと保存された。

それが明治四十一年になって発見され、杉材ごと保存されている。

まるでメンコのような早縄《はやなわ》掛様《かけよう》雛形《ひながた》は、江戸の町方同心の心得ともいうべき捕縄の術の見本帳とでもいうのだろうか、捕物帖の世界が髣髴として現実味をおびてくる珍品である。よくも博物館に収蔵されたと思う。

さて、刀剣はジャンル別展示でも、宮内省の持ち物であっただけに名品ぞろいである。よく農家の屋根裏から正宗の名刀が出たなどというが、話としては面白いのだが、実際にはそういうことはまずないといっていい。というのも、名刀というものは、単なる武器としてではなく、ことに江戸時代においては武家の表道具として、大名家などの間を回り回って伝わってきた。そこに、鑑賞品としての刀剣という日本独特の美術品が生まれてきた理由もあるのだが、いずれにしても、突然名刀名品が掘り出されるというような性格のものではない。戦後、博物館が購入した太閤秀吉所持の朱塗金蛭巻《しゅぬりきんひるまき》大小拵《こしらえ》（重文18頁）なども、これに付いていた金むくの鐔《つば》は、形見分けで浅野家に伝わり、拵（鞘）と刀身は溝口家に代々伝来したものだ。加藤清正が朝鮮で虎退治に使った（？）といわれる片鎌槍《かたかまやり》にしても、紀州家に嫁いだ娘とともに徳川家に伝わった。

このようにして、我々が歴史の上でよく知っている人物の所持品がきちんと今に残っているのである。

しかし、武家の象徴として、普段からつねに手入れをおこたらず伝来してきたものだけに、手入れだけは欠かせない。実際、戦時中に美術品を疎開させたときの環境が悪く、数百本の槍が錆びてしまった。毎年数本ずつ修理するだけでも費用が相当かかるし、時間もかかる。また桃山時代の武将、森長可《もりながよし》着用と伝えられる熊毛の甲冑（18頁）などは、熊の毛がすぐに抜け落ちてしまい、この修理には、適した熊の毛を捜すだけでも一年以上かかったという。

このように普段の手入れが大変なことと、女性の関心がうすいということが、武器・武具コレクションの悩みである。

二

九〇〇件余という収蔵件数は決して多くないし、いわゆる名品も数が限られているが、古代の須恵器から近代陶芸家の作品まで、年代的なバランスの良さが博物館の陶磁蒐集の身上といえる。その点、日本陶磁史の全体像を常設で見せていたほとんど唯一の施設としての以前の展示が変更されたのは残念だ。

明治六年、ウィーン万博に出品された陶磁器が収蔵の第一号。明治十一年に七〇円（総合物価指数換算で約七三万円）で購入した仁清の「色絵月梅図茶壺」（153頁）、同年のパリ万博に出品され翌年博物館に引き継がれた「黄釉牡丹唐草文広口壺」などは、現在も収蔵品の中心をなす優品である。その後の蒐集で、茶の世界で名品と呼ばれるものが存外に集まらなかったのは、博物館が当初、殖産興業を目的としていたため、日本美術の中でしめる茶の湯の位置を正確に把握しえなかったためであろう。その不備を補う上で大きな役割を果たしたのは、個人コレクションの寄贈だった。まず、横河民輔氏の寄贈品（56頁）は中国陶磁が大半ながら日本のものも一八四点を数える。昭和二十二年から四十八年にかけて寄贈された不孤斎・広田松繁氏のコレクションも、四九六点のうち千利休所持と伝える備前の「耳付水指」や「黄瀬戸草花文平鉢」、古九谷の「色絵椿文大皿」など日本陶磁七二点を含む。〝電力の鬼〟といわれた事業家で茶人の耳庵・松永安左エ門氏からも、戦後まもなく寄贈を受けている。さて、ここまでは日本のやきもの。有名な井戸茶碗「有楽」や唐の「三彩龍耳瓶」（56頁）など朝鮮・中国の陶磁コレクションの中には茶陶の名品をはじめとして古くからわが国の生活の中に息づいてきた作品も多い。昭和六十年の「日本の陶磁」展では、大陸と日本の陶磁を明快に対比したが、常設展示でも本館・東洋館を横断的に扱った総合的な展示が期待される。

[上]灰釉有蓋壺　猿投　平安　高28・5
[下]黄釉牡丹唐草文広口壺　古瀬戸　鎌倉（14世紀）　高27・1

［上］鼠志野鶺鴒文鉢　美濃　安土桃山～江戸
口径28.7
［左］黄瀬戸草花文平鉢　美濃　安土桃山～江戸
口径29.1　広田松繁氏寄贈
［下］耳付水指　銘・竜田川　備前　安土桃山～江戸
高22.3　広田松繁氏寄贈

［左上］色絵椿文大皿　古九谷　江戸
（17世紀）　口径41.6
広田松繁氏寄贈
［左下］織部扇形蓋物　美濃
安土桃山～江戸
口径28.5×23.7

ドレッサー　釉下彩花文瓶　高35・6

[上右]ドレッサー　褐釉搔落四耳壺　高30・1
[上左]ドレッサー　白地搔落瓶　高22・8
[右]ドレッサー　色絵風俗図扁壺　高26・2

「品川工作分局ガラス製造所」製のガラス器　(右)高16・8　(左)高21・8

蔵に眠る〝歴史の証人〟

陶磁コレクションには、硯、七宝焼、土人形などが入っているし、茶陶と関連して茶杓など竹製品もある。ちょっと意外なのは、十九世紀ヨーロッパの陶器。これらは、イギリスの工業デザインの先駆者で、鉄製品やガラス、織物のデザインもこなしたクリストファー・ドレッサーの作と伝えられているものを含む。万博などを通じて堰を切ったように文化の東西交流が行なわれた時代を髣髴とさせる品々だ。もう一つ、右の写真のガラス器は、明治初年に試みられた日本最初の官営ガラス工場の遺品。稚拙な中に、殖産興業に対する真摯な熱情が感じられないだろうか。

[上]尾形光琳の代表的名品　八橋蒔絵螺鈿硯箱　江戸　27.3×19.7×14.2
[下]片輪車螺鈿手箱　鎌倉　27.3×35.5×20.9

大名婚礼調度　紀州徳川家の豊姫が、文化13年（1816）に11代将軍家斉の7男斎順を婿養子に迎えた際に調えられた歯黒道具

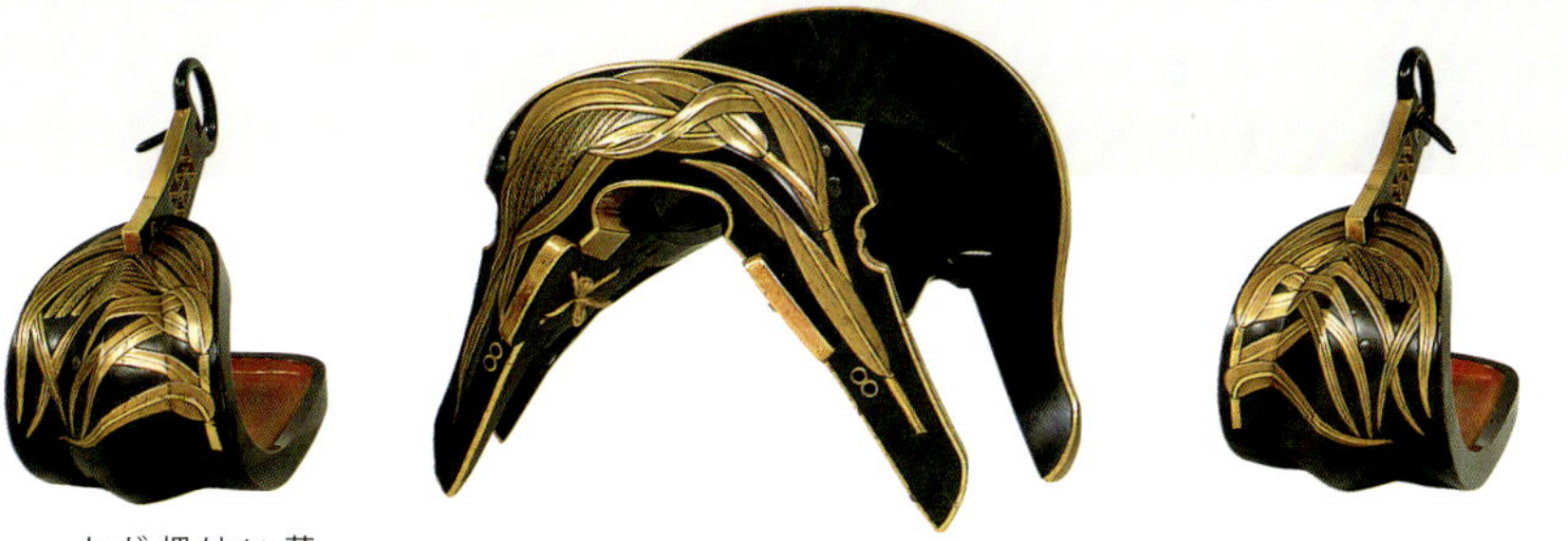

芦穂蒔絵鞍・鐙　盛り上がりの強いいかにも豪華な金高蒔絵のこの鞍には「天正五年　正月中ニ秀吉（花押）」と書かれた伝狩野永徳筆の下絵が付されており、太閤秀吉の所用品といわれている

日本から輸出された南蛮漆芸品の代表作　油彩キリスト磔刑像入り花鳥獣蒔絵螺鈿聖龕
安土桃山　49・5×30・0×4・8

後藤功祐　洋風寝室家具（寝台・服戸棚・洗面台・鏡台　昭憲皇太后所用）　明治

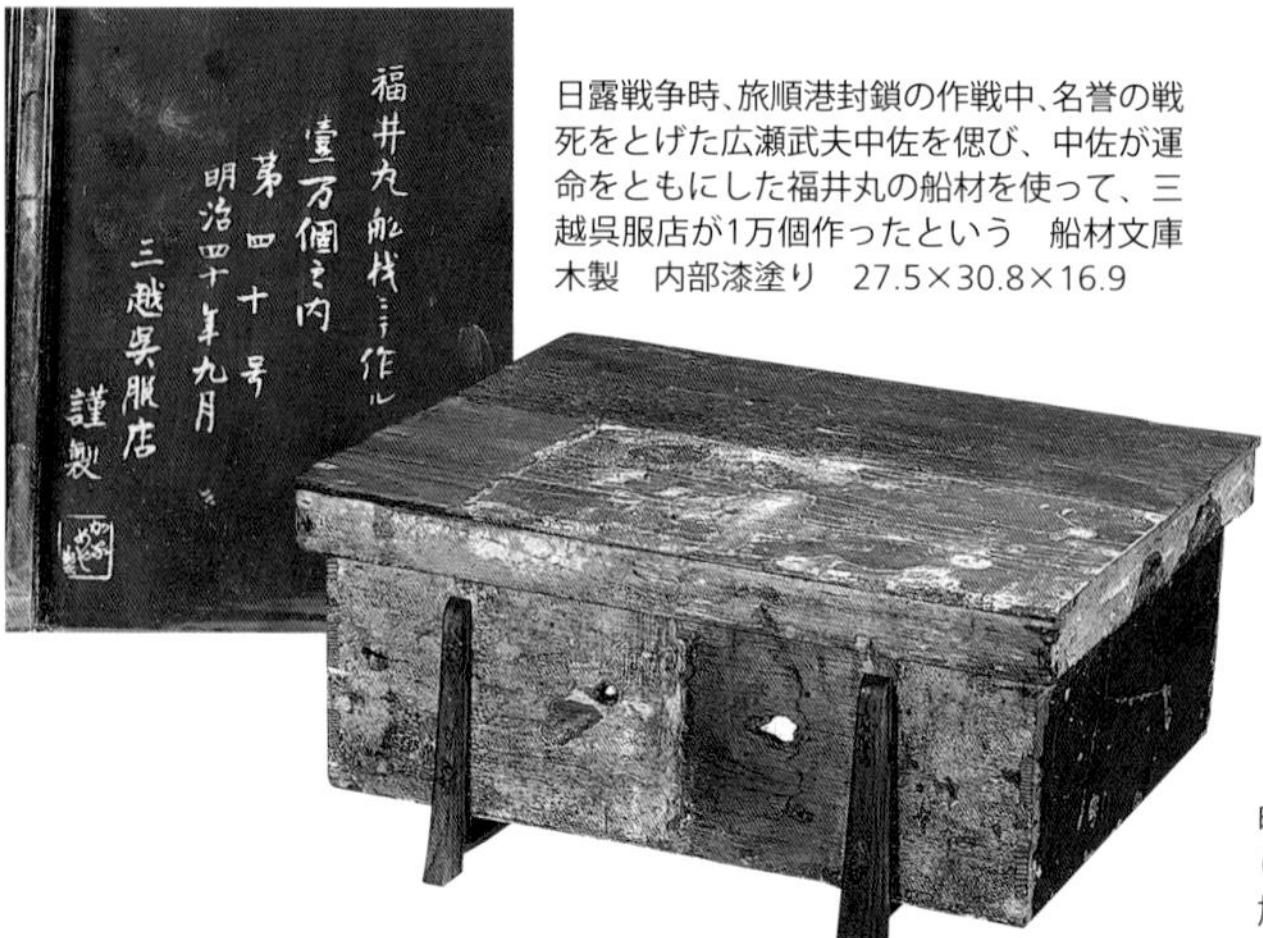

日露戦争時、旅順港封鎖の作戦中、名誉の戦死をとげた広瀬武夫中佐を偲び、中佐が運命をともにした福井丸の船材を使って、三越呉服店が1万個作ったという　船材文庫
木製　内部漆塗り　27.5×30.8×16.9

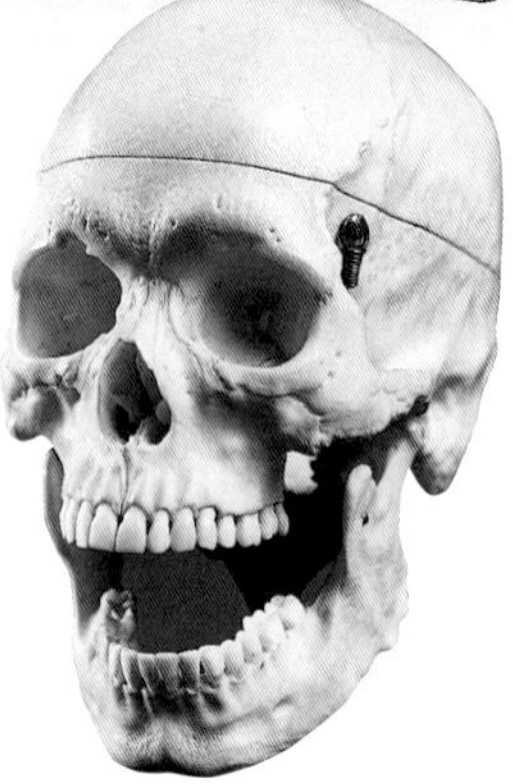

明治時代には重要な輸出品だった牙彫（象牙彫刻）の逸品
旭玉山作　牙彫髑髏　明治　高6

ひと口に漆芸品といっても、その種類は多岐にわたる。ざっと挙げただけでも装身具、化粧道具、調度、飲食器、文房具、香道具、遊戯具、武具、宗教用具などがあり、われわれの生活のなかでいかに漆が用途の広いものであったかが分かるのである。そうした漆芸品のコレクション総数は三九〇〇件弱。これらの多くは、宮中伝来の品を含む帝室博物館以来のもので、従って名品の数も多い。

　まず二つの片輪車で知られる手箱。平安時代の優美な蒔絵螺鈿《らでん》手箱（15頁）と鎌倉時代の力強い感覚の螺鈿手箱はどちらも国宝。光悦蒔絵の代表作・舟橋蒔絵硯箱（国宝）や、燕子花、板橋、水流を大胆に斬新な感覚で配した尾形光琳の八橋蒔絵螺鈿硯箱（国宝）、文学的素養を巧みに意匠として生かした室町時代の優品・男山蒔絵硯箱（重文）、螺鈿で飾られた華麗な鞍の嚆矢をなす平安末期の萩螺鈿鞍（重文）、豊臣秀吉所用と伝えられるいかにも秀吉好みの豪華な芦穂蒔絵鞍・鐙（重文）、桃山時代の東西交流が生み出した南蛮漆芸品の油彩キリスト磔刑像を収めた花鳥獣蒔絵螺鈿聖龕（重文）、同じデザインで揃えられた紀州徳川家の豊姫の婚礼調度、さらに珍しいところでは、現在三件しか伝わっていないという香道具の十組盤など、い

Go Collections

郷コレクション

ひとりのコレクターを紹介しよう。漆工コレクション中、もっとも多いのが櫛、笄《こうがい》、印籠、根付などの装身具で、収蔵品のほぼ三割から四割を占めるが、そのなかでの根付約四八〇件のほぼ半数が、戦前の財界で活躍した郷誠之助氏（一八六五〜一九四二）のコレクションである。氏の死後、昭和十七年に博物館に寄贈されたものだが、氏は、複雑な形をした根付をきちんと収められるように、それぞれの形に合わせた嵌め込み式の台をつくっていた。一つの台に五、六点の根付を収め、五段で一つの箱に収納するようになっている。その箱が全部で八個。これだけの数の根付を集めるのも大変だったろうが、どの根付とどの根付を組み合わせて一つの台に嵌め込むべきか、そのレイアウトに迷い、かつ楽しんだのではなかろうか。そんなコレクターの愛玩ぶりが伝わってくる蒐集箱である。毀れやすい身近な工芸品が、今見るような形で残されたのは、氏のような所蔵者のこまやかな心遣いがあったればこそという気がする。

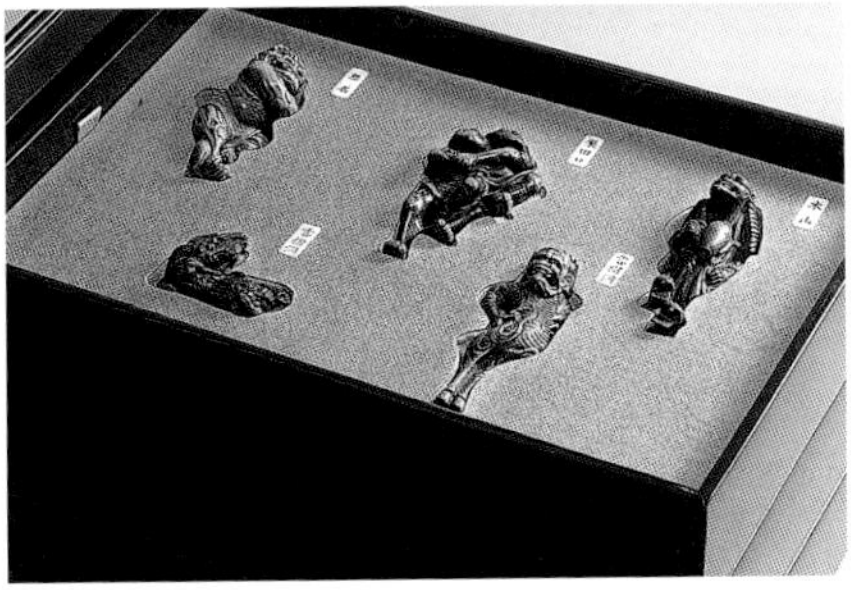

[上]燭陰木彫根付　銘・雲樹洞　高9.7
[下]一つ一つ根付の形に合わせた嵌め込み式の台は郷氏が作らせたもの　その愛玩ぶりがうかがえる

ずれも贅を凝らした日本工芸の代表的遺品である。

こうした漆芸品は、どんなに名品であろうと、個人の持ち物として身近に置かれ、使用されてきたものでもある。それだけにこれらの名品が時代を超えて、しかも損なわれることなく伝えられてきたということは代々の所有者がいかにこれらのものを貴び、慈しんできたかを物語っている。

さて、あまたある名品の陰にかくれてあまり知られていないが、珍品の類がある。中国の象牙細工の影響を受けて江戸時代に急激に発達した牙彫もその一つで、明治に活躍した旭玉山のわずか六センチほどの髑髏《どくろ》は、まさに超絶技巧の世界である。現在は象牙の取引が禁じられているため、牙彫はあまり盛んではないが、明治の中頃には、その細密な彫技が珍重され、輸出品としても重要な役割を果たしていた。

日露戦争時、旅順港封鎖のため沈められた福井丸と運命を共にした軍神・広瀬武夫中佐の物語は、歌や教科書を通じて広く人口に膾炙したが、その後、引き上げられた福井丸の船材で三越呉服店がつくった文庫なども、美術品とはいえないが、当時の時代の雰囲気を伝えるものとして珍しいものである。

十組盤・相撲香　江戸（19世紀）　盤方46.2

不思議なゲーム盤「香道具・十組盤」

十組盤・吉野香　江戸（19世紀）
盤方46・2

［上］十組盤・鷹狩香　江戸（19世紀）
盤方46・2（以下同）
［中］十組盤・蹴鞠香
［下］十組盤・舞楽香

金銅火焔宝珠形舎利塔
鎌倉（13世紀）　高53・0

旧江戸城写真帖　第16図・二丸門図
明治4年（一八七一）　蜷川式胤製作、
横山松三郎撮影・高橋由一著色（歴史
資料コレクション）

銅鯱　法橋銅意・渡辺近江大掾正次作　江戸（万治2年［1659］）　高137.7／139.1　これらの鯱は、江戸城の棟飾であったと伝えられている　上の写真に見える鯱は、全く同じものではないにしても、これらの鯱たちの往時の姿を偲ばせる　昭和18年に博物館に入る前には、陸軍大臣の官邸に置かれていた

金工コレクションを大きく分けると、懸仏《かけぼとけ》や密教法具、荘厳《しょうごん》具などの仏教関係のもの、一〇〇〇枚にのぼる鏡、茶の湯釜や煙管・かんざし・鋳物の根付など趣味・娯楽に関わるもの、調度品・置物類、そして度量衡に関する遺品ということになる。そのうち展示の中心を占めるのは、仏具や鏡、茶の湯釜といったオーソドックスな金工品で、絵画や彫刻に比べると取っ付きにくい。だが、一万五七〇〇余件（点数でいえばその何倍何十倍にも達するはず）という膨大な収蔵品のなかには、思いもかけないものが眠っている。

たとえば、収蔵箪笥にびっしりと詰まっている外国の切手・葉書類。日本最古の金貨である開基勝宝はじめ和同開珎や寛永通宝、中国の開元通宝や永楽銭などあわせて数十万枚にも上る古銭。そして、類例のない十九世紀の世界各国のコイン・コレクション。あるいは、黒船を率いて、日本の開国を迫ったペリー提督の結婚指輪とペリー夫妻の髪の毛入りのブローチ。ティ

自在蛇置物　江戸　鉄　長105・8

様々なポーズで登場願っているけれども、モデルの蛇は一匹である　〝自在〟とは自由に動かせるという意味　この蛇は胴を輪切りにした形の鉄片を百数十個重ねて内側から鋲止めするという複雑な構成で作ってある　江戸時代も後期になると、対象をリアルに再現しようとする風潮が強まってこうした作品が生まれた　明治以降、盛んに輸出されたため、ヨーロッパに多く残っているという　この蛇も日本に戻ってきたもの

世界有数（？）の切手・コインのコレクション　左は世界各国の切手や葉書　右は開基勝宝（天平宝字4年［760］鋳造発行、径各2.5）　大判・小判に先立つこと約千年、わが国最古の金貨　昭和12年、奈良・西大寺近くで31枚が発見された

ペリー提督とその夫人の髪の毛を詰めたブローチは、どんな因縁によるものか、結婚指輪やペリー愛用の短銃とともに孫娘たちによって1927年に日本に寄贈されている

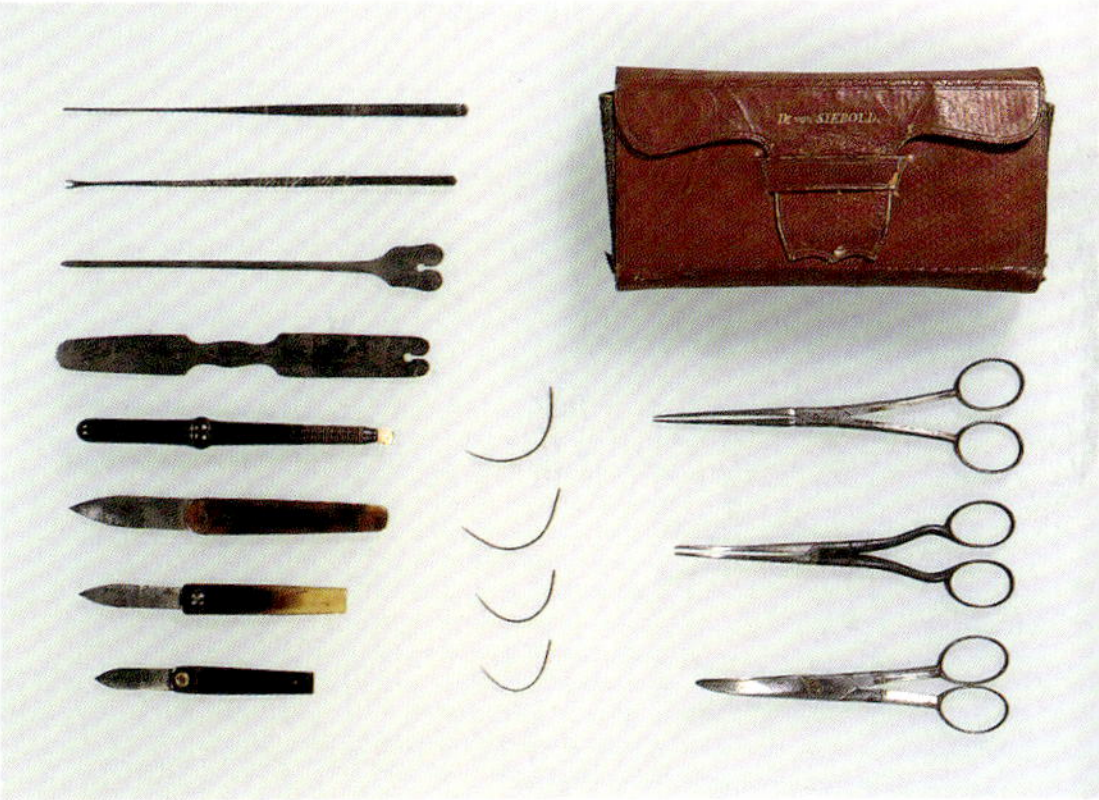

シーボルトが携帯した手術道具一式

ファニー製の銀のコーヒー・カップとソーサー、スプーンなど……。世界のコインは、明治初年に外交関係を結んだ各国から日本政府に贈られたものだという。切手はもちろん金工品ではないが、コインがあるなら切手も、という関係で入ったものらしい。東博にはかつて「歴史課」という部署があり、その収蔵品が現在の美術・工芸のジャンル別に再編成された時、本来ならば金工という枠には収まらない様々なものがここに振り分けられたのである。

正統的な金工品のなかにも、意外なものがあった。たとえば、現在本館の裏庭にある銅製の五重塔（66頁）。高さ五メートルを超え、所蔵品中最大である。また、明治六年のウィーン万国博に出品された花瓶は、一二六・七センチと子供の背丈ほどもある。一方最小は、三島廃寺の塔心礎納置品のうちの金の舎利容器。高さ一五センチ弱の石の外容器に銅の鋺がおさまり、その中に銀の合子が入り、一番内側の金の舎利容器は高さがなんと三ミリしかない。

能装束　金紅片身替詩歌模様厚板
江戸（17世紀）　絹
丈143.0　裄66.4

染織コレクションは現在約三六〇〇点余、服飾、装飾品、人形に分かれる。繊細な素材のため、なかなか完全な状態の遺品に恵まれないのが悩みの種で、服飾類の場合、ほとんどが安土桃山時代以降、とりわけ江戸期の遺品である。中世以前のものとなると稀で、その発見・蒐集が今後の課題ではあるが、容易でない。鑑賞用の美術品と違って、正倉院のように保存のための特別な配慮を施していない限り、ボロボロに使い古され棄てられるのが当然なのだ。そうした悪条件（？）をくぐり抜けてきた収蔵品には見るべきものが多い。日常着にもかかわらず友禅染に代表される華やかな装飾の「小袖」をはじめ、大胆奇抜な意匠の「芸能装束」、公家や武家の装束など。例えば尾形光琳が江戸深川の豪商・冬木家の妻女のために描いた通称

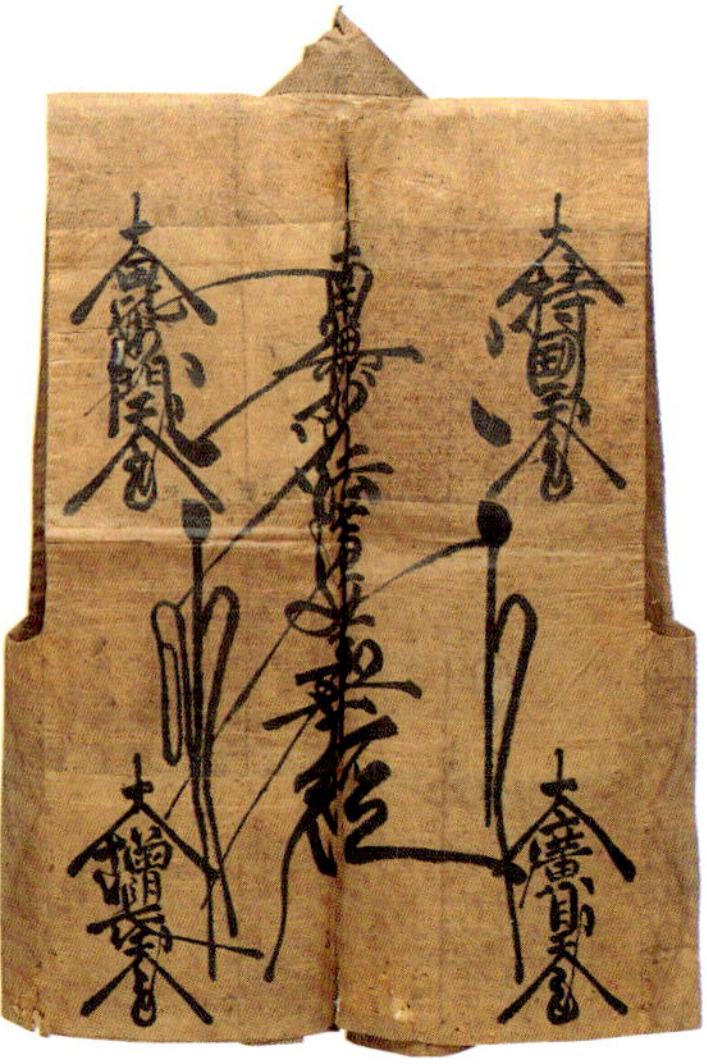

紙子陣羽織　安土桃山（16世紀）
紙　丈94.8

納戸綸子地熨斗菊花模様小袖
江戸（17世紀） 絞・繍
丈135・4 裄60・0

歌舞伎装束 的矢模様着付羽織
江戸 絹 着付丈144・2
羽織丈110・6

白綾地秋草模様小袖 描絵 尾形光琳筆
江戸（17世紀）
丈147・2 裄65・1

〝冬木小袖〟（左）などは名品中の名品だろう。いきおい保存には気をつかい、室温二〇度・湿度六〇パーセント・照度八〇ルックス以下が常に維持され、展示も一回二カ月が限界。

〝人形〟も染織コレクションに入る。美しい装飾文様の「嵯峨人形」、幼児姿の「御所人形」、裂の着物をつけた「衣裳人形」などは江戸時代中期以降に生まれ、洗練に洗練を重ねて優美な姿が完成する。近代以降の量産品にはありえない、あたかも魂がこめられているかのような、怖いほどの存在感がこれらの人形にはある。

〝東博〟に棲む逸品人形たち

雛人形の初期の形〝立雛〟は
古い信仰の面影を残す
立雛　江戸　高(右)48　(左)36＊

三頭身の御所人形は日本の人形の代名詞
見立唐子　江戸　高17.3＊

一木造りの衣裳人形の名品
婦女立姿　江戸　高28.8＊
撮影・藤森武（124〜125頁の＊印すべて）

毅然とした立姿は嵯峨人形の名品
遊女　江戸　高23.4＊

糸巻きを雛に見立てた？
土佐糸雛　江戸（19世紀）　高17.8

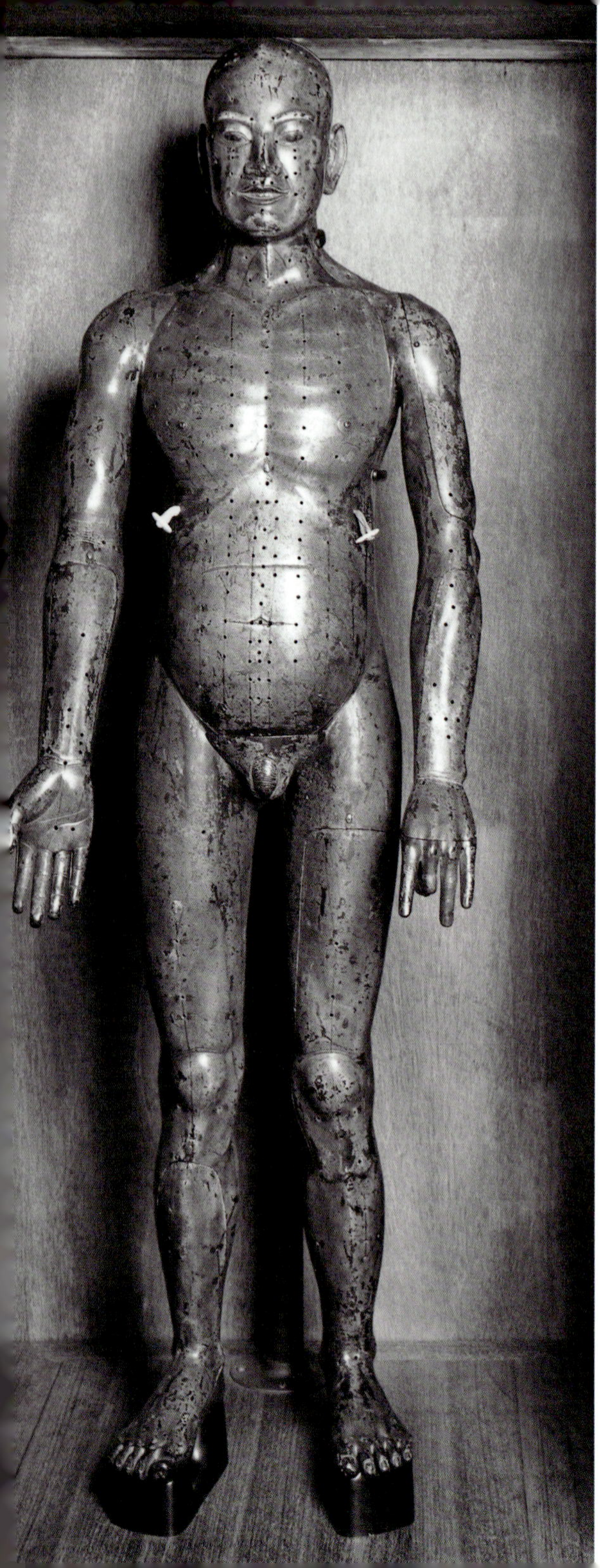

歴史資料

最近、独立した分野に歴史資料と民族資料のコレクションがある。民族資料については既にふれたが（26頁）、歴史資料には、かつての学芸部制度のもとで、何故このようなものが、この室にあるの？ といわれた収蔵品が眼につく。「彫刻室の珍品」と本書旧版でふれた銅人形が現在、歴史資料コレクションとして活用されている。

鍼灸のツボを示した裸の人形は、一説に加藤清正が朝鮮から持ち帰ったともいわれたが、江戸時代の日本製とわかった。もとは幕府の江戸医学館にあり、明治十年に内務省博物局に移管されたもの。ほかにも網目のように穴をあけた銅板を張り合わせて内部に木製の内臓をこめた人形もある。足裏に寛文三年（一六六三）十二月製作の銘があり、やはり明治年間に収蔵されたが、来歴についてはよくわかっていない。さらに木製の内臓模型もある。

［右頁］鍼灸経穴銅人形　三六五個の穴がツボの位置を示し、ツボの名前が漆で書かれている　江戸　高161・0

内臓骨格解剖模型銅人形
飯村玄斎・秋田古庵・岩田伝兵衛の合作
江戸　高143・9

真鍮踏絵　キリスト像（エッケ・ホモ）
江戸　18.9×13.6×2.3
重さ2304g

マリア観音像　白磁製　江戸（19世紀）　高22.4

旧彫刻室の収蔵品総数の四割強を占めていたキリシタン関係遺品がなぜ彫刻の蔵に収められていたのか不思議な話。もともとこの遺品は長崎奉行所が信徒たちから没収したものが中心になっている。維新後、長崎県に引き継がれて県の倉庫に眠っていたが、明治七年、あるフランス人が、価格は問わないから踏絵を買い取りたいと申し出てやにわに動き出し、処置に困った県が一括して当時の教部省に引き取ってもらった。それが官制改革で内務省社寺局の所管になり、さらに明治十二年、同省博物局の希望で博物館に移された。ただし踏絵については、「往時残忍之所業ヲ追想セシムルニ足リ」、外交上の問題もあるので陳列を差し控えるようにという条件付きだった。確かに、信徒判別のための板踏絵（礼拝の対象であった銅牌を厚手の板にはめこみ踏絵としたもの）や真鍮踏絵を見ると、当時の迫害の歴史が生々しく甦ってくる。他にマリア観音、ロザリオ、十字架、祈禱書などさまざまな資料が残されているが、一括して収蔵されたせいで、なかには明治以前に日本にもちこまれた古い西洋の油絵までもが、彫刻室に収まってしまった。江戸時代最後の潜入伴天連《バテレン》として屋久島で捕らえられた宣教師シドッチの携行品で、イタリアの画家カルロ・ドルチ（一六一六〜八六）作といわれる聖母図（通称「親指のマリア」）である。

聖母図(親指のマリア)　17世紀
銅板油彩　26.7×21.5

資料館

かつての博物館は美術品を管理・展示するだけで、美術研究に関するさまざまな資料を収集して研究者に公開するなどというサーヴィス機関としての雰囲気も役割もほとんどなかった。それが、情報提供をして欲しいという館外からの要望、もっと開かれた博物館にすべきだという館内の声、美術史学会からの陳情などもあって、昭和五十七年に出来たのが資料館。同じ趣旨で京都国立博物館には京都文化資料研究センターが、奈良国立博物館には仏教美術資料研究センターが置かれている。東博では昭和五十九年二月に資料館が新築開館し、図書、作品写真などの閲覧サーヴィスがはじまった。そして、独立行政法人となった現在、「親しみやすい博物館を目指して」、情報事業が大きな柱のひとつとなっている。

資料館には和・漢・洋約一三万冊の図書、約二七万五千枚を超える写真原板のほかに、拓本などの歴史資料も保管されている。昭和六十三年春開催された特別展観「江戸城障壁画の下絵」もそのひとつ。二〇〇巻にもおよぶ絵巻の場面を詳細に検討し、模型やコンピュータ・グラフィックスを使って、失われた江戸城を〝再現〟する試みは、人々の強い関心

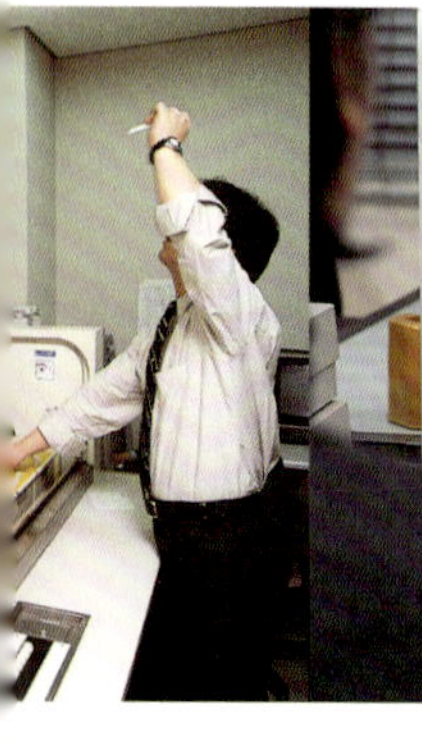

［下右］昭和五十九年に開館した資料館
［下中］館蔵品の映像と、材質・大きさなどのデータが東博のホームページを通して、どこからでも、即座に参照できる
［下左］カラー写真用のキャビネット

を集めた。資料館では昭和六十一年度から外部の研究者もまじえたプロジェクト・チームを組み、館蔵資料の調査研究を行なっている。

資料の調査研究と並んで、コンピュータの導入が進んでいる。所蔵品や寄託品、展覧会で借用した作品などの美術品についてデータベースを作成するのが目的だが、いずれは国公立だけでなく、私立の美術館・博物館も含めた情報処理ネットワークを確立していく方針である。現在は「e国宝」と呼ぶ国宝指定物件のデジタル高精細画像化と、それを鑑賞できるモニターの設置がはかられており、本館一階には既に設置されている。また法隆寺宝物館のモニターでは主な作品の画像が見られるようになっている。館外からでも東博のウェブページを通して写真の画像検索ができ、目指す収蔵作品のカラー写真の状態や名称その他のデータが簡単に参照できる。

［資料館は西門で入館手続／利用時間　月〜金＝9時30分〜17時（受付9時30分〜12時、13時〜16時）／休館＝土・日・祝休、毎月の末日（休日の時は前日）、年末年始］

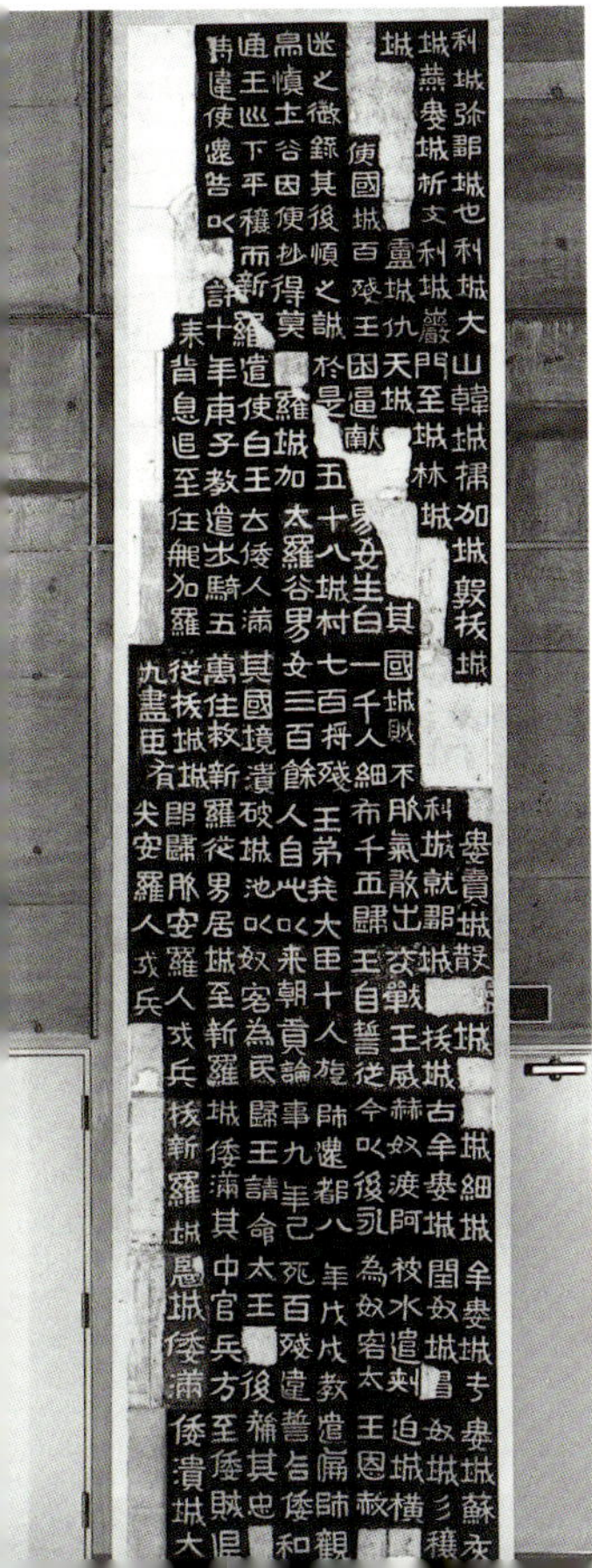

地下には丈六の仏像も撮影可能な大写場がある　広開土王碑拓本（好太王碑）　中国吉林省にある高さ6・34メートル、東アジア最大の墓碑（四一四年建立）の拓本　背景のドアと較べると、その大きさがよくわかる

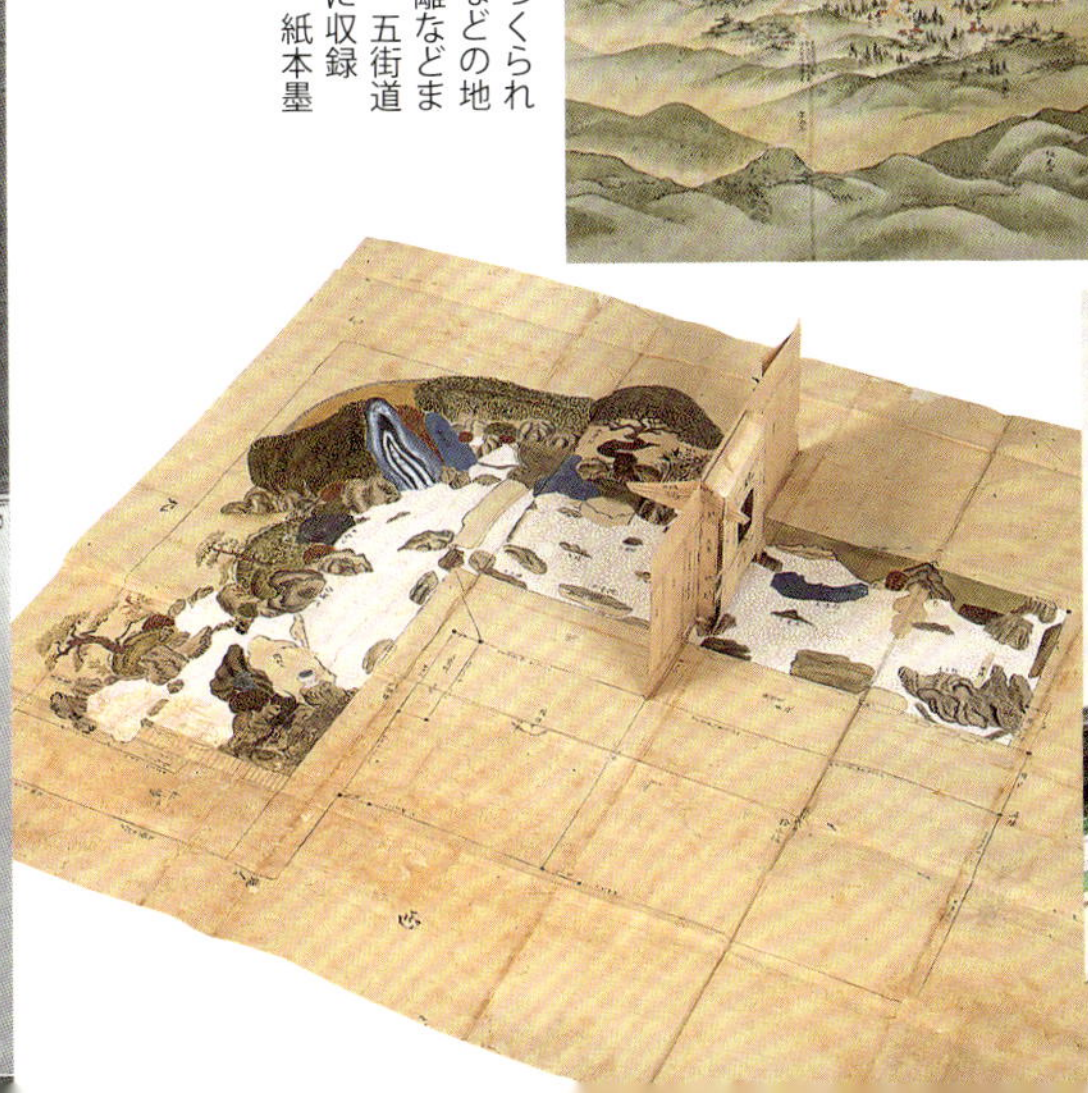

［右］東海道分間延絵図　江戸幕府の命令でつくられた全国規模の道中図　山や川、池・橋などの地名はもちろん、方位や隣の宿場との距離などまで書き込んだ、詳細なロード・マップ　五街道をはじめ幕府所管の二七道を全九一巻に収録
［下］大仙院石庭起し絵図　江戸（文政年間）　紙本墨画着色　92・5×78・0　松平家旧蔵

江戸の画像データベース
古画類聚

絵巻・絵本など、古画に描かれた文物をテーマごとに分類・編集した模写絵巻（三六巻が現存）。老中松平定信の編纂による〝江戸の画像データベース〟である。「鎌倉補陀落羅迦寺蔵」の源頼朝彫像と京都神護寺の頼朝画像を並べたり、種々の絵巻に登場する酒肴の器ばかりを集めたのなどをカラー図版で一覧できる図版篇と、墨書名から原典（現在では原典が失われてしまったものもある）の明示までを表にした本文篇からなる調査報告書『古画類聚』が東博から刊行されている。

しかし、当初予定されていた、原典となった図像との比較など資料そのものの研究に加え、絵巻のどこにどんな画像があるかを簡単に検索できるデータベース化、いってみれば、パソコン版〝古画絵引き〟がまだ進んでいないのは残念だ。

古画類聚第1巻

古画類聚第23巻

古画類聚第31巻

収蔵庫・修復

「藝術新潮」昭和27年6月号の東博特集　撮影者は濱谷浩氏だが、氏が「最もグラフの山にしたいと考えていた倉庫の撮影」は、許可されなかった（左頁3点の収蔵庫の写真は博物館写真部）　管理者以外は入れないという規則に対する不満を、濱谷氏はエッセイ「カメラ・博物館の亡霊に悩む」に書き、博物館発行の「国立博物館ニュース」（62号）に発表した　残念ながらそれから50年以上たっても事情は全く変わらない

部外者立入禁止の収蔵庫（写真提供・東京国立博物館）　ガラス戸棚のなかに整然と収められている彫刻［上］、大きな屏風は閉じたかたちで、軸物は巻いて箱に入れられ階上のガラス戸棚のなかに

X線撮影室　仏像の後方の壁に四切りフィルムをいく枚も貼りつけ、手前の器械からX線をあてて、内部構造を撮影する

美術品・文化財は、すべてのものがそうであるように、時とともに朽ちていく宿命を負っている。特に日本の美術品の場合、素材の脆弱性から、いかに良好な状態で保存しようとも、である。したがってそれらをよりよい状態で後世に伝えようという博物館にとって、保存修復というパートの持つ意味は大きい。東京国立博物館では、かつては外部の業者に館内の場所を提供して修復作業をしてもらっていたが、現在では保存修復事業の一部を直接おこなうようになり、かつ最新機器の導入もはかられている。そこで、その最新設備を中心にみてまわってみた。

まずX線撮影室。部屋の中央にX線装置が置かれ、四切りのフィルムがいく枚も壁に貼りつけられ、その前に仏像が置かれている。隣りに現像室があり、部分的にテスト撮影しながら、X線の強さ（電流・電圧・照射時間）を決めていくという。持物は全てはずし、部位がなるべく重ならないようにして、構造が見やすくなるように撮影する。X線撮影は、彫刻の内部構造を理解するとともに、修理方針を立てる際に有効な場合がある。日本の美術品の場合、おおむね百年に一度の修理が必要とされるらしいが、そのような本格調査は現在、年間百点位がおこなわれている。しかし、本格修理以前に軽微だが問題のある箇処が見つかれば、すぐに応急処置がほどこされる。傷む前に手を打てというわけだ。

顕微鏡も活躍していた。事前調査中の部屋

［右］光学顕微鏡で高橋由一の油絵作品をチェック
［中］電子顕微鏡で布の繊維分析中　［左］アイヌの衣服の修復作業

を訪ねると、高橋由一の油彩作品表面を顕微鏡で拡大し、観察しながら、傷みの原因、材質などが確認されていた。この顕微鏡は、みる角度が自由になる。倍率はあまり高くなく60倍くらい。技法的に面白いと思われる部分がみつかると、それもチェックするし、画家の署名があると必らず拡大して見る。署名が亀裂の上にかかって描いてあったりすれば、後からの署名となり、贋作の疑いも出てくる。光学顕微鏡は色も形もよくわかるが、肉眼より少しよくわかる程度で、それ以上のレベルの画像が必要な場合は電子顕微鏡の登場となる。ただし電子顕微鏡になると、色はない。紙や布の繊維分析や劣化状況などが知りたい時に使用する。ちなみに国立博物館では平成十五年度にはじめて東博に導入された。

新しい機械が導入される一方、修復はやはり根気のいる作業である。染織品の個人修復家によって作業が進められているアイヌの衣服の修復をみせていただいた時、たくさんある皺のひとつひとつが、着ていた時についた折れ皺なのか、それとも収蔵中のたたみ具合によってついたものなのかを判断し、当時の着方による皺はそのまま、たたみ皺はのばすなどという話は、その一端。

日本画の修復室では十六羅漢図の修理がおこなわれていた。年間四幅ずつ、四年計画で三人の修復師の手にかかっている。みなさん職員という身分ではないが、契約を結んで東博の修復作業のために来ている。補絹という穴の空いた、オリジナルの地がなくなったところに、ほぼ同質の地をうめこみ、周りと違和感がない程度に色をさしていく。完全に周りと一体化させるという絵をつくるような作業は一切しない。違和感がなく、ある種調和したような状態にもっていく。言葉にはならない、いわず語らずの境なのだろうか。

考古遺物の修理は事前調査が一層大切である。現状の形状を記録するのにはレーザーによる測定とか精密な計測方法があり、一部東博でも採用されている。しかし、銹化が進み、小さな断面となった遺物を一つ一つていねいに調べ、仮接合をしながら元の姿に戻すという作業は肉眼でしかできないという。

東博の展示室に足を運んだ時は、これらの人々のことを思い描いてほしい。そこで縁の下の力持ちたちが、黙々と修復作業にあたっていることを。

［右］日本画の修復室では十六羅漢の修理中
［左］出土品の銹化を肉眼で追う作業

東京国立博物館は館長、副館長の下に営業開発部、事業部、文化財部の三部制をしいている。約一三〇人の館員の内訳は、一般職、研究職がそれぞれ約五〇人ずつ。残りが技能・労務職員。かつては二〇〇人の人員がいた時期もあったが、行政改革などで人員削減が要求され、だんだん減らされてきた。これだけのスタッフで、博物館本来の目的である文化財の蒐集・保管・展示・研究・教育普及などに当たれというのが現状。常設展の陳列替え、特別展の準備、外部の博物館への作品貸し出し……、もちろん自分の専門分野の研究もしていかなければならない。展示も研究も広報も、スタッフの世代交代もスムーズにいくのだろうか。

約一〇万九〇〇〇件の列品は、文化財部列品課が管理している。収蔵庫には館蔵品だけでなく、二三〇〇点以上にのぼる寄託品も収められている。寄託期間は三年だが、期限を更新して長期にわたり博物館に保管されている作品も少なくない。

博物館運営の予算は決して恵まれてはいない。年間の購入予算も決して潤沢ではない。独立行政法人になってから海外の美術館・博物館のように寄付金を受けつけられるようになったし、以前からもあったが作品の寄贈を受けることはできる。本館リニューアルに際し、東博は⑳室を寄贈者顕彰室とし、作品寄贈者に厚くむくいる姿勢を示した。しかし、寄付や作品寄贈に対する免税などについてはまだわが国はたちおくれている。これからは、そのような方面への働きかけも館の重要な活動となっていかなければならないのだろう。一方で寄贈者顕彰室の大袈裟さに眉をひそめる人々も決して少なくない。本来、寄付も寄贈も、そして博物館活動に大きな影響をもちはじめているボランティアも無償の行為であるべきだろう。そのことを広く知らしめ、なお円滑に活動できる体制にもっていってほしいと願うのは、理想論にすぎないと、思われてしまうだけだろうか。

最後にもう一つ。本館のリニューアルも、もっと徹底したらどうだろうか。「仏教の興隆」「仏教の美術」では、仏像・仏画の荘厳空間を再現するとか、「茶の美術」では、茶室のセットをつくり、そこに茶道具をしつらえるとか、日本美術のあり方をより本来あったかたちで展示する必要があるのではないか。

紅葉の美しい裏庭　右奥は転合庵

東京国立博物館 利用案内

所在地……東京都台東区上野公園13番9号
最寄駅……JR上野駅公園口または鶯谷駅南口下車　徒歩10分
京成電鉄京成上野駅、東京メトロ上野駅下車　徒歩15分
開館時間……9時30分～17時、4月～12月の特別展開催期間中の金曜日は20時まで、および4月～9月の土日祝・休日は18時まで（入館は閉館の30分前まで）
休館日……月曜日（祝日・休日の場合は翌日）
年末年始、臨時休館あり
無料観覧日（平常展のみ）▼敬老の日（9月第3月曜日）
●友の会およびパスポートの制度あり
［問合せ先］03-3822-1111（代）
［ホームページ］http://www.tnm.jp/
［問合せ先］03-5777-8600（ハローダイヤル）

東京国立博物館の秘蔵品

解説 松田延夫◆石井俊典◆安達一樹

宝室（本館二階②室）に展示された「普賢菩薩像」
室は、東博所蔵あるいは寄託品のうちの国宝一
をゆったりと心静かに鑑賞するための特別室

東京国立博物館の収蔵品は現在、約11万件。そのうち国宝に指定されているのは91件、もっとも国宝を多く持っている団体である。ちなみに重要文化財は622件。以下に掲げた26点の作品は、「週刊新潮」のカラーグラフ連載「秘蔵スペシャル」のために特に選ばれたもの。以後16年をへたが、たとえば中国絵画で、伝梁楷「雪景山水図」が平成15年に東博蔵になって、既に館蔵品となっていた「雪景山水図」（国宝）、「出山釈迦図」とともに東山御物の三幅対がふたたびそろったのだから、これをとりあげるべきだという意見もでてくるかもしれないし、また孔雀明王像よりも普賢菩薩像の方が好ましいという方がいるかもしれないが、これらの作品が秘蔵中の秘蔵であることは、ゆるぎがないといっていいのではないか。

Masterpieces from Tokyo National Museum

袈裟襷文銅鐸

銅鐸の文様は大きく分けて横帯文・流水文・袈裟襷《けさだすき》文の三種類があるが、この「袈裟襷文銅鐸」は、袈裟襷文の区画の内側に日本最古の絵画の一つとも言える線画の鋳《い》出《だ》された遺品として名高い。狩猟する人物や臼を搗《つ》く人物、穀物の倉庫と思われる高床式の建物、そして蜻蛉《とんぼ》・スッポン・蜘蛛・かまきり等が簡素な線で描かれている。

銅鐸は弥生時代に日本で独自の発展を遂げた青銅器である。近畿地方を中心に出土し、おそらく祭祀に関係のある青銅器であろうが、なぜか単独で埋納された状態で出土するのが常であり、どのような目的で用いられたのかは今もって謎である。この銅鐸に表された線画も、狩や収穫のシーンが描かれているところからすれば豊穣を祈願する目的と考えるのが自然であろうが、それでは、かまきりや蜻蛉・蜘蛛は、一体何を意味しているのであろうか？

この銅鐸と同様の線画の描かれた遺品は他に数点知られているが、その中でも鋳上りの良さ、プロポーションの美しさ等の点で際立った遺品である。現存する銅鐸の中でも最高傑作と言われているが、この銅鐸の製作された目的や線画の意味が解らないだけに、反って古代の謎とロマンが感じられる。

袈裟襷文銅鐸（国宝）　弥生中期　高42・7

埴輪 挂甲の武人

古墳に置かれる埴輪は日本人にとってきわめてポピュラーな存在であろう。垂仁天皇の時代、野見宿禰《のみのすくね》の発案により、天皇陵に陪葬される殉死者の代りとして埴輪が考案されたと『日本書紀』に記されている。

埴輪には古墳の周囲に配置される円筒埴輪と、船・武器や武具等の形をした器財埴輪、そして家や動物・人物を象《かたど》った形象埴輪がある。近畿では五世紀から六世紀の初めにかけて人物埴輪の製作が行なわれていたようだ。それに対し関東では六世紀に入ってから人物埴輪の製作が盛んになり、バリエーションに富んださまざまな人物埴輪が出土している。とくに造形的にすぐれた人物埴輪は、群馬・埼玉・茨城にかけての地域から出土した例が多い。ここに取り上げた「挂甲《けいこう》の武人」の埴輪も群馬県太田市から出土したものである。

甲、冑を着け、右手で太刀の柄を握り、左手には弓をもつ武人の姿である。墓主の葬礼、あるいは殯《もがり》に付き従って護衛する兵士の姿であろうか。甲やその下に着ている衣服も写実的で、当時の甲の着け方の参考資料としても注目される。単純化された目鼻の造り、ことにわずかに穴を開けただけの目と口が実に表情豊かであるのは驚くばかりである。

埴輪 挂甲の武人（国宝） 古墳
群馬県太田市飯塚町出土 高130・5

菩薩半跏像

法隆寺献納宝物中に四十八体仏と通称される金銅仏群がある。実際には四十八体以上あるのだが、いつの頃からかこの通称で親しまれるようになっている。中世に橘寺等から移されたものも含む四十九件五十七体の仏像がこれにあたるといわれる。いずれにせよ七~八世紀の彫刻史を考える上で欠かせない遺品である。

像に直接製作年代・造像の由来等が記された在銘像は彫刻史を考える上で最も基本になる資料であるが、この菩薩半跏像もその一つである。この像には、丙寅《へいいん》の年、高屋大夫が亡き妻の冥福を祈ってこの像を造った旨が記されている。日本で年号が一般に用いられるようになるのは八世紀に入ってからで、それ以前は十干十二支の組合せで年を記していた。ここで問題になるのは同じ干支が六十年ごとに回ってくることである。この丙寅がいつの年に当るのか学界でも二説に分れている。第一は推古天皇十四年（六〇六）説。第二は天智天皇五年（六六六）説である。

この像の極端に細身の体軀は、人体の表現を超えてむしろ抽象性を感じさせる。同じような体軀表現の像が韓国の国立中央博物館にあるが、この造形は朝鮮の仏像の強い影響を受けているようだ。銘文に記された高屋大夫の妻の名は韓婦夫人阿麻古という。朝鮮半島出身かまたは渡来系の女性だったのであろう。あるいはそのために、意図的に朝鮮ふうのスタイルでこの像を造らせたのではないだろうか。

菩薩半跏像（重文）
飛鳥　高41・6

金銅灌頂幡

金銅灌頂幡（国宝）（部分） 飛鳥
天蓋方65・0 現存総高510・0

この金銅灌頂幡《かんじょうばん》は日本古代の金工の名品で、七世紀の製作と考えられる。幡とは梵語パータカーの訳。仏の威徳を讃える荘《しょう》厳《ごん》具。灌頂とは仏門に入る際、頭に香水をかける儀式のこと。灌頂幡は灌頂の儀式の際に用いられた幡である。

この灌頂幡は金銅透彫りで造られている。箱形の天蓋と六枚の透彫銅板を蝶番《ちょうつがい》で連ねた幡身からなり、天蓋の周囲には多数の飾り金具が取り付けられている。天蓋と垂下する幡には楽器や香炉を持つ天人の姿が見事な透し彫りで表され、その周囲には忍冬《にんどう》唐草文が表されている。天衣をなびかせて宙を舞う天人の姿には夢幻的な美しさがある。下端には布製の幡足を付けた痕跡が残っている。幡足は通例幡身の一・三倍の長さがあり、当初の全長は十メートルを超えていたと推測される。

唐花文纐纈羅円褥

唐花文纐纈羅円褥(重文)　奈良　径45.0

褥《じょく》とは敷物をさすが、この円褥には裏地に「経台褥」という墨書があることから経机の上敷として使用されたらしいことがうかがえる。今日知られる褥は方形の物がほとんどであり、円形の例は大変珍しい。この円褥は、麻布を芯にして淡い青緑色の絹を下張りとし、その上を纐纈《きょうけち》で唐花文と花弁、外周には網目文を染めた羅で覆うという、実に手の込んだ技法で造られている。

纐纈は、中国から伝わった板締めによる模様染であると言われているが、今日では正確な技法はわかっていない。文様を彫った二枚の板の間に二つ折り、あるいは四つ折りにした薄い布を挟み、染料を注入して染めたらしい。このため文様は左右(時には上下左右)対称になるのが普通である。羅というのは中国起源の絹織物の一種で、縦糸を編物のように左右の糸と絡めながら織りすすむ技法である。

この円褥は奈良時代当時の技術の粋を凝らして製作されていると言って良いであろう。文様は現在茶色を呈しているが、もとは鮮やかな朱色だったのであろうか。下張りの青緑色がうっすらと透けて見え、微妙な色彩のコントラストを見せている。文様のおおらかな気分は奈良時代の特色をよく示している。まさに正倉院宝物と並び称されるべき遺品といえよう。

日光菩薩坐像

日光菩薩と言えば、月光菩薩とともに薬師如来の脇侍《わきじ》となる菩薩像である。この像も、もとはそうであった。京都・栂尾《とがのお》の高山寺に伝わった三尊像の一体なのである。実は薬師如来像は現在も高山寺にあり、もう一体の脇侍像である月光菩薩像は東京芸術大学大学美術館の所蔵となっている。明治二十二年、高山寺からこの両脇侍像が流出した際、ちょうど開校に際して研究用の資料を収集していた東京美術学校（現在の東京芸術大学）にこの二体は買い取られた。その後、明治二十五年になって、保存状態の完全なこの像は岡倉天心が一般の展観のために東博に納め、もう一体の脇侍はかなり破損していたため、反って構造の研究に役立つとして芸大が所蔵することになったのである。

この像の技法は木心乾漆造りと呼ばれる。像の概略の形を木彫で造り、その上に漆と木のくず等を混ぜてペースト状としたものを厚く塗って造形する、奈良時代後期（八世紀後半）に盛んに用いられた技法だ。漆を盛り上げて造形するため、木彫とは違った独特の柔らかなタッチが生れる。

この日光菩薩像も実に端正な、当時のオーソドックスな作風を示す像で、おそらく東大寺などの造営に当っていた官立の工房による作品であろうと推定されている。この像を含む三尊像は、高山寺に入る前は丹波亀岡の金輪寺という寺の像だったと伝えられている。

日光菩薩坐像（重文）
奈良　高56・1

金銅骨蔵器

骨蔵器とは茶毘《だび》に付した遺骨を納める容器であるが、今まで発見された例では陶器の壺が最も多く、鋳銅製で表面に鍍金《ときん》が施された金銅の遺品は今日さほど多くは残っていない。

金銅製あるいはガラス製といった貴重な素材を用いた骨蔵器は、舎利容器の形に似た物が多い。この遺品も球形に近い本体の身に高い立ち上りを設け、それにあわせた蓋をかぶせる、奈良時代の舎利容器によく見られる形が基本になっている。

火葬は仏教によって日本に伝えられた葬法である。「茶毘」という言葉自体、サンスクリット語の火葬を表す言葉を音写したものだ。もっとも仏教伝来と共にただちに火葬が始まったわけではない。それまでの埋葬の習慣からすれば、火葬という方法は日本人にとってはかなり異質な抵抗感のあるものであったろう。わが国最古の火葬は文武天皇の四年（七〇〇）。道昭という僧が火葬にされた記録が『続日本紀』に残る。

この骨蔵器は昭和二十年、奈良県北葛城郡当麻《たいま》町（現葛城市）の加守廃寺跡の西、二上山の尾根を登る途中の山腹から偶然発見された。銅という素材は、古代においては、今日考えるよりもはるかに貴重な素材であった。遺骨を納め埋納するための容器として金銅をもちいることができたのは、おそらく高僧か、あるいはきわめて豊かでかつ仏教に傾倒していた人物であったと想像される。

金銅骨蔵器（重文）　奈良　総高19・5

孔雀明王像

Masterpieces from Tokyo National Museum

孔雀明王像（国宝）　平安
147.9×98.9

正面を向き、いっぱいに翼をひろげた孔雀の背に結跏趺坐《けっかふざ》する孔雀明王像である。天変地異、旱魃、疾病など種々の災害から免れるために信仰された像で、四臂《しひ》の慈悲相をした菩薩形として描かれている。肉身は白色、輪郭を細い朱線でくくり、着衣は彩色の文様に加えて繊細な切金《きりがね》文様を施し、また大形光背のごとくひろがる孔雀の羽毛にも、同じく精緻な切金の技法がみられる。朱、丹、緑青、群青などの色彩を使いながら、白のぼかしや中間色を巧みに用いて全体を優美に仕上げている。気品の漂う曼荼羅風の構図をとった仏教絵画の極致を示すこの一幅は、正しく平安絵画の一頂点をきわめた名品ということができる。

この作品が描かれた平安後期は、中国唐文化の影響から離れて、わが国独自の和風様が開花完成をみる時期で、折しも造寺造仏や参詣、供養に善美がつくされた白河、鳥羽両院の院政期にあたる。絢爛たる「源氏物語絵巻」（徳川美術館、五島美術館）や、秀麗な「西本願寺本三十六人家集」（いずれも国宝）の制作もこの時期であり、爛熟をみた宮廷文化の中からこうした美術工芸の傑作が誕生した点は興味深い。なお本図は戦前の美術の大コレクターで横浜の豪商、三溪・原富太郎鍾《しょう》愛《あい》の一幅であった。

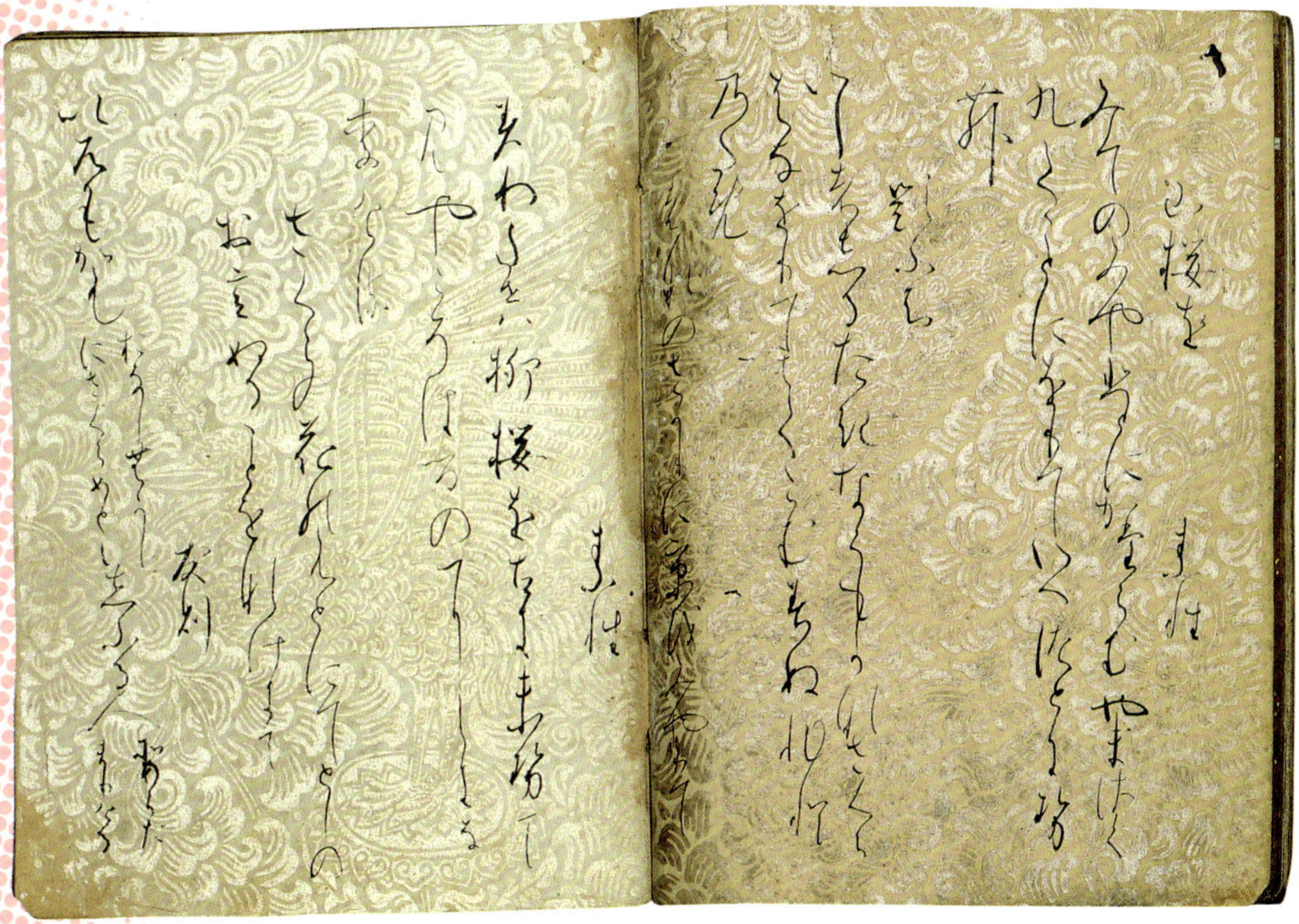

古今和歌集（元永本）
（国宝）　平安
21.1×15.5

古今和歌集（元永本）

『枕草子』二十三段にこんな挿話がある。村上天皇（九二六〜九六七）の後宮で宣耀殿女御とよばれた女性が『古今集』全巻を暗誦できるという噂がたつ。帝がテストをすると、正しく全二十巻千百十一首を淀みなく誦し終え、遂に深更に至ったという。平安朝の宮廷や貴族社会で、とりわけ女性にとっては、書を能くし、歌を上手とすることは基礎的で不可欠な教養であり、その中心におかれたのが実に最初の勅撰集『古今和歌集』であった。

　ここに掲げた図版は平安時代の『古今集』の冊子本で、素性法師などの桜を詠んだ和歌四首を収めた部分。この写本は奥書に「元永三年（一一二〇）七月二十四日」の年記をもつため「元永本古今集」とも呼ばれ、平安期の写本中ただ一つの完本（上下二巻）である。

　料紙は和製の唐紙。これに胡粉を引き、その上に孔雀唐草の型文様を雲母《きら》で刷りだしている。字体はいくらか縦長で細めだが、仮名と漢字の調和は爽快で流麗、筆線も典雅で変化の妙をみせる。名筆といってよい。

　ここでは三首は三行書きだが、筆趣の赴くままに二行、ときに四行、五行に書き分けてもいる。冒頭の仮名序の部分は、大小の金銀の切箔《きりはく》を撒き散らし、歌集というよりは高度の調度品の趣が深く、王朝の美意識を強く漂わせている。筆者を伝源俊頼とするが、今日では藤原行成の曾孫で能書の誇り高い定実と推定される。加賀前田家から三井家に伝わり、戦後、三井高大氏の遺志で東博に寄贈された。

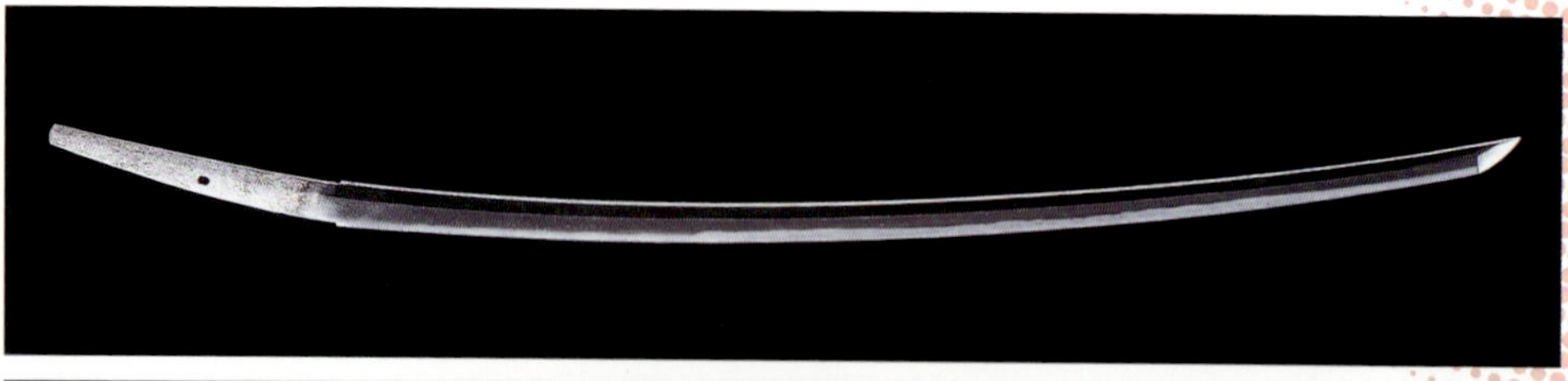

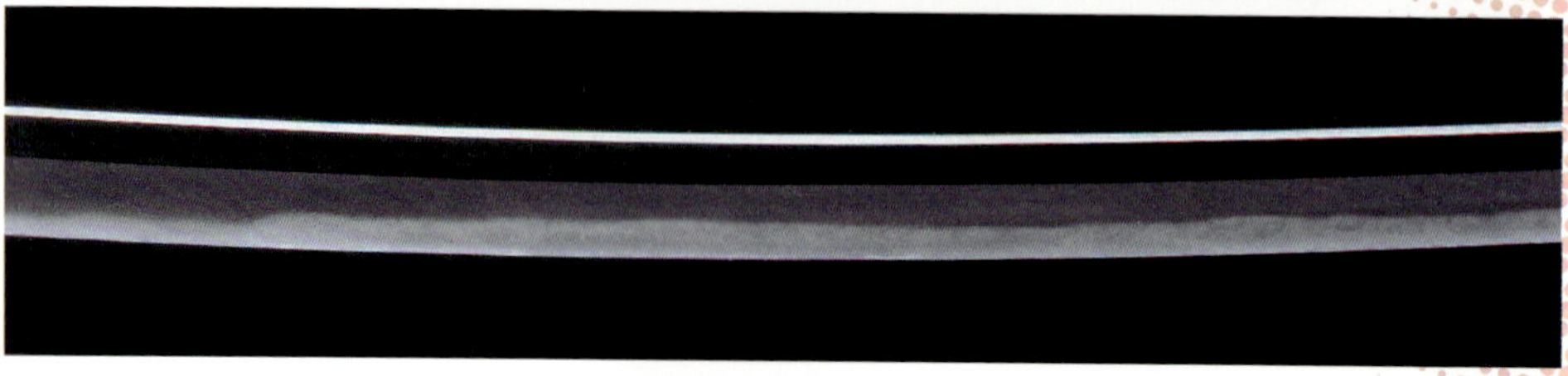

太刀　伯耆安綱（童子切）（国宝）　平安
刃長80.0　反2.7

太刀

伯耆安綱

この太刀はその昔丹波国の大江山に住む凶賊酒呑童子を源頼光が成敗した際に用いたとの伝承がある。それ故に「童子切」と号をもつ。作者安綱は伯耆《ほうき》国大原に住んだ鍛冶で、大同（八〇六～）頃の人とも伝えるが、この時期はまだ切刃造直刀の時代であり、実際には一条天皇（在位九八六～一〇一一）の時代平安後期の人と伝える説が正しいであろう。

安綱作中でもこの童子切安綱は他より格段に優れたものである。いつの頃よりか足利将軍家に伝わり、豊臣秀吉の所有となり、更に徳川家、そして秀忠の息女勝姫が越前宰相松平忠直に輿《こし》入れした際に引出物として与えられた。忠直は改易されたが、この太刀はその子光長に伝わり、越後騒動で光長が改易された後は、光長の子で美作《みまさか》国津山城主となった松平宣富に移り同家に長く伝来した。

日本刀は基本的に「折れず、曲らず、よく切れる」機能性の追求により進歩してきたものであるが、一面では美的表現に心血をそそぎ発達したものである。刀剣の美を語るのに沸《にえ》という言葉がある。刃と地肌との境目に銀砂をふりかけたように輝く細美なものの謂である。鎌倉時代後期の名工相州鍛冶五郎入道正宗がこの安綱の作風に私淑したとの説があるように、この一振は、沸の美をよく表現した特色をもつものである。千余年の歳月を経て今なお鮮やかな閃光をはなち、地鉄、刃文の出来も頗る見事であり健全なる状態である。

［解説　小笠原信夫］

浜松図真形釜

茶の湯釜は鎌倉時代の末ごろに原形が生まれ、室町期に入ると工芸的にも芸術性のきわめて高い鉄釜を産み出した。製作地は筑前国遠賀《おんが》川河口、芦屋の里と、下野国佐野の天明が名高く、それぞれ「芦屋釜」「天明釜」として珍重された。ここに掲げた図版は室町時代に造られた古芦屋の基本形とされる真形《しんなり》釜で、芦屋釜のもつ格調や優美さなど、その魅力をすべて兼備した代表的な名釜の一つである。

口造りは力強く、その下に一条の紐を刻み、肩から胴への線はなだらかで美しい。地肌は芦屋特有の絹肌で、肩からやや下った辺りに鋭い深い彫りで古様を示す鬼面鐶付《かんつき》をつける。胴一面の浜松図の地紋も見どころの一つだ。下辺に波打つ州浜の部分を霰《あられ》であらわし、そこに大和絵風の温雅な筆致でしなやかな数本の松を鋳出す。蓋は重厚な唐銅の一文字蓋、釜との調和も見事で形姿をひきしめている。この釜は、古芦屋によくみられる羽《は》から下を欠き、底を入れ替えて尾垂《おたれ》釜に造り直されているが、その風情が反って室町の香りをよく伝えている。

その芦屋釜はつぎの安土桃山期に入ると瞬く間に衰弱する。これは近世の茶の湯に大きい影響力をもった天下人信長、秀吉の出現や、その周辺にあって侘茶の世界を切りひらいた千利休らの動向が、九州の地から京の都へと釜造りを移す結果になった点が何といっても大きい。

浜松図真形釜（重文）　室町
高17.0　胴径24.5

斜縞銀杏葉雪輪散らし模様胴服

斜縞銀杏葉雪輪散らし模様胴服（重文）　安土桃山　丈117.0　裄63.0

短いマントとも、ゆったりした上衣ともいえる一種の部屋着で、胴服 dôbucu とも呼ばれる。初め戦さのとき武具の上に着たが、後には専ら寛ぎの場で用いられるようになった。一般化するのは太閤（秀吉）が天下をとってからである――天正五年（一五七七）に来日したポルトガルの宣教師ジョアン＝ロドリーゲスは、胴服についてこんな意味のことを記している（『日本教会史』）。

この胴服は徳川家康からの拝領品という由緒をもつ、安土桃山期を代表する優品だ。白《しろ》練平絹《ねりへいけん》の地に辻ヶ花染めの手法で紫、水浅葱《あさぎ》、白の三色を大きく斜めに段取りし、上文様に雪輪と銀杏葉を散らす。銀杏葉はまず黄色に染め、これに茶色の染料で葉脈を描き、その上に銀泥の摺箔《すりはく》を施す。白地斜縞には墨ではだら雪を描く。裏地は紅練平絹である。デザイン、配色は大胆明快、さらに洗練さを加えて見事だ。袖幅や襟肩あきが狭く、反対に身幅や衽幅《おくみ》が広いのも、この時代の一般着〝小袖〟同様である。

辻ヶ花染めは縫い絞りを主体とする文様染めで、室町中ごろにはじまり、安土桃山から江戸初期に流行した。絞り染めという素朴さを基調としつつも、直截で華麗な染織美を潑刺と表出せんとしたところに独特の魅力があり、安土桃山の文化的気分を濃厚に薫らせている。

仁清 色絵月梅図茶壺

満月の夜の紅梅の風情を意匠とする仁清《にんせい》の色絵茶壺である。明暗二様に梅花を描き分け、赤い花は金を使って蕊《しべ》をかき、銀花の方は赤で線描きをほどこす。壺の裏、中天の月も銀の賦彩になるが、いまは錆びて黒ずんでみえる。肩から胴にかけて金泥の源氏雲。狩野派的な筆触とあいまって王朝風の華麗さを伝える。

画技同様、轆轤《ろくろ》技が素晴らしい。一尺近い、それも無類に薄造りの葉茶の大壺を造るためには、一気呵成の抜群の技を不可欠とする。室町・安土桃山期以来、くすんだ荒肌のルソン壺を見慣れてきた堂上、貴紳たちが、優美で洗練されたこれら色絵茶壺に魅了された姿は容易に想像ができる。

仁清は丹波国野々村で生れ、若き日瀬戸で陶技を修業、のち京都御室《おむろ》の仁和寺門前で開窯した。茶人、金森宗和の庇護をうけ、〝仁清様〟の茶器の優作を数多く残した。その中でも「月梅図茶壺」は最も円熟期（万治～寛文＝一六五八～一六七三）の大作で、仁清傑作の一点だ。

仁清
色絵月梅図茶壺（重文）
江戸　高30・0

尾形光琳　八橋蒔絵螺鈿硯箱

国宝の屏風「燕子花《かきつばた》図」（根津美術館）「紅白梅図」（MOA美術館）の画家尾形光琳（一六五八〜一七一六）の、これは蒔絵部門を代表する硯箱だ。〝八橋〟の銘は『伊勢物語』の第九段、自らをよけい者とみなして京を離れた在原業平が、三河国の八橋という燕子花の乱れ咲く川辺にたどりつき望郷の歌を詠む、モチーフはここからとる。

長方形の被蓋造り、二段重ねの構造で、上段に硯と銅製水滴を嵌込み、下段を料紙箱とし、蓋の両側に刳《く》りをつけ持ちやすくしてある（112頁）。蓋の表から身の四側面にかけて展開する燕子花と八橋による意匠構成は、巧緻にして流麗をきわめる。艶消しの黒漆地に葉と茎を金の平蒔絵で描き、花は螺鈿《らでん》、橋は鉛板を、杭には銀板を使い、目のさめるような装飾効果をみせている。上段硯箱の内部は金地仕上げ、下段の内部と上段の底は得意の波文様を配し、清艶と気品を兼ねそなえた光琳ならではの出来栄えだ。

光琳蒔絵にはヒントがいくつかある。血縁につながる安土桃山期の文化人、本阿弥光悦の存在もその一つだ。古典文学に主題をとり、これを知的で斬新な意匠、素材によって造形した〝光悦蒔絵〟からの影響。光琳の生家が富裕な呉服商で、自由で闊達な工芸的雰囲気に恵まれていたこと。その活躍期が、折しも上方では西鶴の浮世草子や近松の浄瑠璃、名優坂田藤十郎や御室焼の名手仁清らが輩出する爛熟の元禄期であり、光琳が天賦の才を発酵、開花させるには最適の状況にあったことがあげられよう。

尾形光琳　八橋蒔絵螺鈿硯箱（国宝）
江戸　27.3×19.7×14.2

石彫怪獣

石彫怪獣　商(殷)後期　長37　高14

四肢を折り曲げ、うずくまった形の、不思議な姿である。長い鼻先を巻き込んでいるかに見えるが定かではない。丸い目からは、ややユーモラスな感覚も受ける。大理石製のこの彫刻は中国・河南省安陽の殷墟《いんきょ》から出土したものと伝えられ、商（殷）時代後期（前十三～十一世紀）の製作と考えられる。

殷墟は商王朝後期の都の遺跡である。後世「殷」と呼ばれた王朝は、当時は商と称していたことが甲骨文字の解読から明らかになったため、現在は商と記述するのが一般的である。中国の王朝は夏・商（殷）・周三代から始まるとされているが、周以前は伝説の王朝であり、実在しなかったのではないかと考えられた時期もあった。殷墟が確かに商王朝の都の遺跡であることが確認されたのは、十九世紀末の殷墟出土の甲骨文字の解読と一九二八年以来の考古学的発掘の成果による。これによって商の第十八代の王・盤庚《ばんこう》が鄭《てい》州から遷都し、第三十代の紂王《ちゅうおう》が周に滅ぼされるまで、商の都であったことが明らかになったのである。

漢代以前の石彫というと玉器や小型の石製品以外はあまり知られておらず、この石彫怪獣は商代の石彫としては大型に属する。最近では商時代の遺跡からさらに大型の石彫が発見されてはいるが、現在日本にある例としてはきわめて貴重な遺品といえる。

勢至菩薩立像

銅で鋳造し、表面に鍍金を施した仏像を金銅仏と称するが、その中でも数センチから五十センチほどの小型の像を小金銅仏という。

　この像は宝冠の正面中央に水瓶《すいびょう》があることから、勢至《せいし》菩薩像として作られたことがわかり、その作風から中国・隋時代の遺品と考えられる。小ぶりの頭部には童顔でやさしい微笑を浮べ、細身の体軀は下腹をやや前へ突き出し、華やかな胸飾と瓔珞《ようらく》で飾られている。小さな像ながら細部に至るまで実に緻密に表現されており、こまやかな神経の通った気品のある表現や繊細な造形感覚から、数多い中国金銅仏中でも注目すべき作品の一つに挙げることができるだろう。

　この像と極めてよく似た観音菩薩像が熱海ＭＯＡ美術館にある。観音菩薩と勢至菩薩は阿弥陀如来の両脇侍であり、これら両像は本来一対となって阿弥陀如来の脇侍となる像であったのだろう。

　隋は南北に分裂していた中国を再び統一した王朝で、この統一によって南北両文化の融合が行なわれた。この像の表現にも江南における造像との関連性がうかがわれ、この時代の文化的背景を物語っている。

勢至菩薩立像（重文）
隋　像高17・1

圜悟克勤墨跡印可状

「墨跡」とは禅林高僧の筆跡のことをいうが、その遺品の多くは中国の宋・元時代と、わが国では鎌倉・室町時代のものである。いずれも到達した自在の境地や高い人間性が字体に反映されており、書道史上独自の光彩を放っている。なかんずく茶禅一味を理想とする侘茶の世界では、茶祖珠光・利休以来墨跡は格別に扱われ、茶席の床飾りはこれをもって第一とした。ここに掲げた図版は〝流れ圜悟《えんご》〟の名称で知られる宋代禅林の名僧・圜悟克勤《こくごん》（一〇六三〜一一三五）の筆跡で、墨跡中の王座を占める一幅。

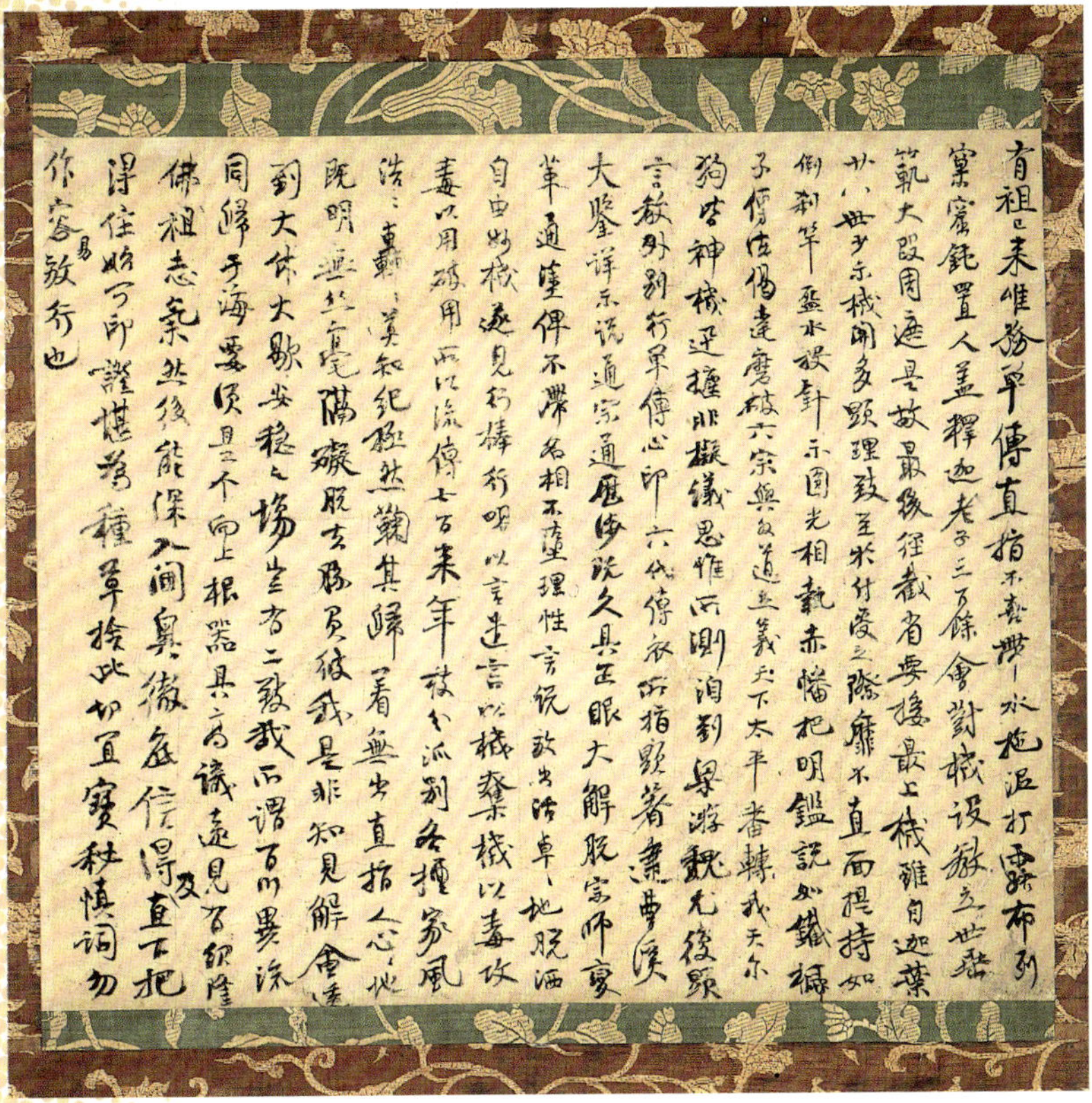

圜悟克勤墨跡印可状（国宝）
北宋　43.9×52.4

　圜悟は墨跡界では始祖とされる人物で、名著『碧巌録《へきがんろく》』の編者としても名高い。六十二歳のとき弟子の虎丘紹隆《こきゅうじょうりゅう》に与えたのがこの印可状だ。印可状は師が弟子に対して修行の完成を見極めて下す厳粛な証明書で、墨跡ではこれを最上位におく。〝流れ圜悟〟の由来は次のようである。室町の中ごろ唐船が難破し、薩摩坊津《ぼうのつ》の岸にこの印可状を納めた桐の丸筒が流れつく。堯甫という僧がこれを拾い、京都大徳寺に参禅の折、大仙院の古嶽宗亘《こがくそうこう》に進呈した。これが天正年間に堺の豪商谷宗臨の所望で同家に移るが、その子宗卓のとき伊達政宗の熱望で二分され、年号款記のある後半が政宗の手に渡る。谷家では後に堺に祥雲寺を建て、この墨跡を同寺に納めるのだが、江戸文化年間、こんどは一代の数寄者《すきしゃ》大名・松平不昧《ふまい》がこれを強引に譲りうける。黄金千両に加え、年々米三十俵をもって報いたが、不昧はこの一軸と名器油屋肩衝のために特製の笈箱《おいばこ》をつくり、参勤交代の道中にも常に帯同したという。

「瀟《しょう》湘《しょう》臥遊図巻」は中国絵画のコレクションを代表する名品である。中国湖南省洞庭湖の南岸一帯は古くから景勝の地として「瀟湘八景」の名で詩画に謳われ、この画題はわが国にも鎌倉以降の宋文化の渡来とともに伝わり、絵画や文物の上に大きな影響を与えた。

画面は高い視点から捉えた瀟湘の大観で、一景のみで四メートルにも及ぶ長巻の一部。煙霧が山容を、樹林を、汀渚《ていしょ》をおおい、暮色があたりに迫っている。八景図として描かれてはいないが、山麓には幾棟かの茅屋《ぼうおく》や人影が、入江に漁舟の姿も散見でき、遠寺の鐘の音も微かに聞えそうである。淡墨による緻密な筆致で温雅湿潤な江南の晩景を、大気と光と時間との至妙な諧調の中に、余情豊かに表出する。

この画巻は南宋の初め（十二世紀後半）雲谷と号する僧の求めで、舒城《じょじょう》の李氏が画いたことが跋文から判る。この僧は三十余年浙江《せっこう》地方を行脚したのち隠栖するが、遂に瀟湘の地を訪ねなかったことを無念に思い、機をみてはその景を画家に依頼した。が、その都度好事家たちに持ち去られ、ようやく残ったのがこの長巻であったという。画人李氏は不明の人物だが、その卓越した自然観照や、この画巻が清朝の乾隆帝《けんりゅうてい》コレクションに珍蔵されていた経緯からみて、江南系山水画のすぐれた画人であったことが考えられる。なお「臥遊」とは、居ながらにして名跡の絵図などを賞玩する意だが、水墨山水の世界においては、大自然に寄せる敬虔な心を伝えるものが取りわけ重んじられた。本図の真髄も、正しくその辺りにある。

李氏　瀟湘臥遊図巻（国宝）　南宋
30.3×400.4

李氏

瀟湘臥遊図巻

Masterpieces from Tokyo National Museum

青磁輪花鉢

世界に冠たる中国陶磁の中でも宋代の青磁は名実ともに最高のレベルに位置している。その南宋時代（十二〜十三世紀）の官窯青磁を代表する優品がこの大鉢である。北宋が滅んで南宋が興り、都が浙江省の杭州に移ると、王宮内に修内司窯《しゅうないじよう》が、ついで南郊烏亀山の地に郊壇窯《こうだんよう》がつくられ、祭器を中心に精巧な宮廷用の青磁器が焼かれた。郊壇とは皇帝が天を祭るための祭壇をいい、その山麓に設けられたのが郊壇窯である。この青磁鉢は郊壇窯の製品で、数少ない遺品中屈指の名器として内外に知られている。

　ところで南宋の青磁といえば、浙江省龍泉窯の、粉青色のいわゆる〝砧青磁〟がわが国では格別に珍重されてきた。この砧手と郊壇窯は、事実いずれ劣らぬ南宋の名花であり甲乙はつけ難い。つけ難いが、そのあたりの微妙な感触の違いについて中国陶磁に詳しい著名な古美術商・故広田不孤斎は、実に巧みに言いあらわしている。即ち郊壇窯青磁は気分としては安土桃山期の光悦・宗達の芸術であり、一方砧手は江戸初期の仁清・光琳の麗美さといった風合いではなかろうかと。

　この大鉢は口縁の六カ所に刻みを入れた輪花鉢で、器の全面を二重三重に大小の貫入が走り、変幻至妙な装飾をつくる。驚くほどの薄造りで、青磁釉は反対にきわめて厚く、何度もかけ重ねたため深みのある神秘的な淡青色を呈している。胴回りのゆるやかな曲線と低く小さい高台がつくりだす爽快な緊張感が器に一段と気品をそえ、技法や造形の面でも最盛期にあったことを物語っている。口縁の覆輪は破損をおそれた後代の補強のようである。

青磁輪花鉢（重文）　南宋
高9・1　口径26・1

竜濤螺鈿稜花盆

中国元時代（十三〜十四世紀）はモンゴル族が百年にわたって漢民族を支配し、繊細高潔な宋の文化に荒々しい北方の息吹きを混入させた時代である。元時代後半の製作とみられる竜濤文様の螺鈿《らでん》盆は、この時期の漆工芸の基準作とされる数少ない優品である。

元時代には螺鈿の材料、技術も変ってゆく。おだやかで白っぽい厚手の夜光貝に代って、幻想的な光を放つ薄い鮑貝が用いられる。モザイクのように細かく刻んだ貝片で絵文様をあらわし、その上に黒漆をかけて研ぎ出すが、この盆では更に精巧な毛彫りを施している。稜部の縁に縄状に縒《よ》り合せた銅線をめぐらせ、細部まで寸分の緩みをみせない。螺鈿技術が最盛期にあったころの高級調度であったことを物語る。

元時代の工芸部門で最も大きな功績は、世界の陶磁史を一変させた「元染付」の誕生があげられる。コバルトで白磁に自由に絵付けをするという画期的な技法であるが、その実態の解明は戦後になってである。至正十一年（一三五一）銘の年記をもつ染付大花瓶（デヴィッド瓶）の発見がきっかけとなったが、そこに描かれた竜と本品の竜図が、構図、描法とも酷似し、ともに元代の特色をよく示しているという事実は傍証を固める意味でも注目される。竜濤螺鈿稜花盆がこの分野において基準作とされる由縁はこの点にもある。

竜濤螺鈿稜花盆（重文）　元
径33.0　高2.3

紫地印金九条袈裟（重文）　元
231.5×101.5

紫地印金九条袈裟

僧侶の正装としての袈裟《けさ》は別名糞掃衣《ふんぞうえ》とも言う。本来の意味は、ごみ捨て場から拾って来たぼろ布を何枚も綴り合せて作った衣、という意味である。袈裟は必ず田相という方形の部分と、条葉という縦横を区画する部分からなっている。これはいく枚かの布を綴り合せて一つの衣を作るという、本来の形を示しているわけである。しかし今日見る袈裟は極めて豪華になっており、インド本来の袈裟の持つ意味は想像し難くなっている。

九条袈裟というのは、条葉の縦に区切る部分が九つあるものを言う。出家の着用する衣の規定によれば、衣には内衣《ないえ》・上着衣・大衣《だいえ》の三種があり、それぞれ条葉の数は内衣が五条、上着衣が七条、大衣が九もしくは二十五条と定められている。したがってこの袈裟は大衣であることがわかる。生地に金箔を張りつけて文様を表したいわゆる印金の手法によって作られたもので、田相には牡丹唐草、条葉には花葉文様を表している。技法から見て中国・元時代の製作と推定され、南北朝時代の禅僧春屋妙葩《しゆんおくみようは》の法衣と伝えられている。春屋妙葩は貞和元年（一三四五）夢窓国師の元に参禅し、悟りを開くと夢窓国師から法衣を受けたと伝えられているが、あるいはこの袈裟がその時夢窓国師から相伝したものかもしれない。

Masterpieces from
Tokyo
National
Museum

金銅製透彫冠帽

韓国南部の慶尚南道昌寧の古墳群から出土したと伝えられる遺品である。斜格子を主体とし後頭部に竜文を透し彫りにした銅板に鍍金《ときん》を施し、多数の歩揺《ほよう》と呼ばれる飾り金具が取り付けられている。左右には飾板が付き、頂部には鳥翼形の飾板が差し込まれている。このような冠帽は内冠とも称され、おそらく本来は別に冠の本体があり、そこに組み合わされて複雑で豪華な冠を形成していたものと考えられる。

この種の冠は、慶州の金冠塚や天馬塚等から発見された朝鮮三国時代・五〜六世紀の古墳の副葬品に多く見られ、形状的には特に金冠塚発見の黄金製の冠の冠帽に最も近い。純金製の副葬品は国王クラスの人物の墓の副葬品と考えられ、それに対し、金銅製のこの冠帽が副葬されていたのは、おそらく貴族クラスの墓ではないだろうか。

朝鮮三国時代、新羅は慶州に都を置き、半島の東南部を版図としていた。この地域から出土する青銅器・土器、あるいは耳飾りや勾《まが》玉《たま》等の装飾品、刀剣や金銅製品は、日本の古墳時代の遺品と極めて近いものが多く、古墳時代の文化の源流の一つが、この地域の文化であったことを如実に物語っている。小倉コレクション（57頁）の一つである。

金銅製透彫冠帽（重文）　三国
高41・8　幅21・2

青磁透彫唐草文箱

中国宋時代の青・白磁は、人類がつくりあげた最高の芸術品の一つだといわれる。その北宋の宣和五年（一一二三）使者として隣国高麗を訪れた徐兢という識者は、この国でつくられた陶磁の釉色の美しさを〝翡色《ひしょく》青磁〞と呼んで見聞記の中で讃えている。宣和年代は画人としても絵画史を飾った名高い徽宗《きそう》皇帝の時代で、中国の文化は一つの頂点を極めるのだが、そのころ高麗青磁の出来栄えが宋の陶磁に比肩しうるほどの高い水準にあったことを物語っている。

高麗の青磁が最盛期を迎えるのは十二世紀の前半で、この透彫唐草文箱はこれを代表する優品である。蓋や側面を精緻な唐草文や牡丹文の透し彫りに仕上げ、その上にたっぷりと青磁釉をかけて焼きあげている。明るいエメラルドのような青磁釉が焼成中に濃淡の部分をつくりだしている。高温で焼くため透し彫りの器形にいくらか歪みや亀裂がみられるが、それが反って独特の魅力さえ加えている。

製作地は朝鮮半島の南西部、全羅南道康津郡大口面と全羅北道扶安郡保安面の周辺が中心で、この箱は全羅南道と北道の境の智異山麓から出土したといわれる。本品と同種の青磁の遺品はきわめて少なく、現在世界でも四点が確認されているだけだが、王侯貴族の墳墓からでなく高僧の墓からしか発見されていないという点も興味深い。高麗青磁は十四世紀末、王朝の衰退と歩調を合せるように生産も絶えている。

青磁透彫唐草文箱　高麗
高11.7

菊花文螺鈿経箱

朝鮮の高麗時代（九一八〜一三九二）は、十三世紀に入ると螺鈿装飾の最盛期を迎える。高麗朝は国教を仏教としたため、とりわけ仏教美術の分野で水準の高い各種の仏具類が製作され、この経箱も高麗時代につくられた優品である。現在この種の螺鈿箱は世界で十三合が確認されており、本品を含めて九合がわが国に伝来している。

印籠蓋《いんろうぶた》造りの長手腰高の箱で、松材を用い、箱の内外に布を貼り、外側は黒漆を、内側は朱漆を塗る。蓋甲、削面、側面とも七弁の菊花文様を鈿装《でんそう》している。花芯に玳瑁《たいまい》の切片を、茎には銀の縒《より》線が併用されており、こうした華麗な技法も高麗期の特色として注目される。

本品は毛利家の伝来品で、その前は西日本に勢力を張った大内氏の蔵品だったらしい。周防《すおう》国にあった大寧寺が大内氏の滅亡とともに焼失し、これを毛利元就が再建したとき同寺から引き継いだ什物《じゅうもつ》であったと伝える。昭和十年ごろ現状のように修復の手を加えたが、底部や内側に焼跡が残っている。

菊花文螺鈿経箱（重文）　高麗
37.1×19.1×25.7

下村観山　弱法師

下村観山（一八七三～一九三〇）は横山大観、菱田春草とともに岡倉天心門下の三羽烏として近代日本画の創造に中心的役割を果した。この「弱法師《よろぼし》屏風」は謡曲「弱法師」に画題をとる。河内国高安の里に俊徳丸なる少年がいたが、他人の讒言《ざんげん》から父に捨てられ盲目となって諸国を放浪、よろめき歩く姿ゆえに弱法師とよばれた。後に大阪天王寺でわが子の後世安楽を願う父親とめぐりあい、ともに故郷にかえるという筋。

金地の大画面に琳派風の老梅の大枝がいっぱいに広がる。その馥郁《ふくいく》たる落花の中に西方浄土を拝して合掌する乞食姿の俊徳丸を右隻に、左隻の下方には沈みゆく大きな夕陽を配する。弱法師と鮮やかな大日輪を左右両端に対峙させた空間構成、色彩効果は卓抜であり、抑制と省略のきいた手法も画面に気品を添える。新日本画の輝かしい道標となった名作である。

観山は紀州藩の能楽師の家に生れ、早くから狩野芳崖や橋本雅邦に絵を学んだ。

高村光雲　老猿

東京国立博物館の収蔵品は古美術というイメージが強いが、日本の近代の作品も洋画、日本画、彫刻など各分野にわたって優れたものを収蔵している。例えば彫刻では、この高村光雲の「老猿」、荻原守衛の「女」（石膏原型　重文）、などがある。

日本の彫刻は、江戸時代以前は宗教関係、特に仏教彫刻（仏像）が中心だったことはよく知られている。しかしその流れも、明治時代のはじめに文明開化の波と廃仏毀釈《はいぶつきしやく》の風潮の中でほとんど途絶えてしまう。その中から仏師として出発し、日本の木彫を復活再生させたのが高村光雲である。光雲は嘉永五年（一八五二）江戸で生れ、昭和九年八十三歳で没した。

「老猿」は明治二十六年のシカゴ万国博覧会に農商務省の依頼で個人出品したものである。材は栃。光雲は以前にその材が純白で木理《もくり》に銀色の光のある斑があることを利用して栃でオウムを作ったことがあった。ここでも同様にして白猿を作ろうと栃木県の山奥にまで良質の材を自

下村観山　弱法師（重文）　大正4年
六曲一双　各187.0×405.2

岡倉校長の東京美術学校の第一期生となり、その絵画理想の実現にむかって生涯をかけることになる。

　この屏風は戦前の大美術コレクターで天心とも相許した横浜の原三溪の蔵品だった。大正五年にインドの詩人タゴールが来日し、原家に滞在中この屏風をみて深く感動した。そこで三溪は模写をつくらせ、後日インドに送り届けている。文化交流にも一役買った名画でもある。

高村光雲　老猿（重文）　明治26年
高さ台座とも90.9

ら購《あがな》いにいったのだが、実際に鑿《のみ》を入れたところ案に相違して茶褐色であったので趣向を変えて野育ちの老猿になったという。またこの猿は鷲の羽を摑んで彼方を睨んでいるが、博覧会場ではロシアと向い合って置かれたことから風刺的な意味があるように受け取られて一層の評判を取ったという。大きさといい力強さといい、まさに明治期を代表する彫刻といえるだろう。

東京国立博物館の時代区分は
以下の通りです。

時代	年
旧石器時代	～紀元前1万年頃
縄文時代	紀元前1万年頃 ～紀元前5世紀頃
弥生時代	紀元前5世紀頃 ～紀元後3世紀頃
古墳時代	3世紀頃～7世紀頃
飛鳥時代	593～710
奈良時代	710～794
平安時代	794～1192
鎌倉時代	1192～1333
南北朝時代	1333～1392
室町時代	1392～1573
安土桃山時代	1573～1603
江戸時代	1603～1868
明治時代	1868～1912
大正時代	1912～1926
昭和時代	1926～1989

本書は「芸術新潮」1989年6月号の特集「こんなに面白い東京国立博物館」、ならびに「週刊新潮」1990年1月4日号から7月5日号までの連載「秘蔵スペシャル東京国立博物館」をもとに、増補・再編集した『こんなに面白い東京国立博物館』（1991年3月刊）の全面改訂版である。

ブック・デザイン
大野リサ・川島弘世

撮影
野中昭夫、新潮社写真部（松藤庄平・道正太郎・宮寺昭男・坪田太・菅野健児）

作品写真提供
東京国立博物館

データ類は2005年3月現在のもの。

とんぼの本

こんなに面白《おもしろ》い東京国立博物館《とうきようこくりつはくぶつかん》

発行　2005年 4 月20日
3刷　2012年 5 月20日

編者　新潮社《しんちようしや》
監修　東京国立博物館《とうきようこくりつはくぶつかん》
発行者　佐藤隆信
発行所　株式会社新潮社
住所　〒162-8711　東京都新宿区矢来町71
電話　編集部　03-3266-5611
読者係　03-3266-5111
http://www.shinchosha.co.jp
印刷所　錦明印刷株式会社
製本所　加藤製本株式会社
カバー印刷所　錦明印刷株式会社

乱丁・落丁本は、ご面倒ですが小社読者係宛お送り下さい。
送料小社負担にてお取替えいたします。
価格はカバーに表示してあります。

ISBN978-4-10-602124-4　C0300